Vorwort

Das vorliegende Lehrbuch ist in erster Linie als Unterrichtsmaterial für die Realisierung des Kurses „Fachsprache" im Rahmen des Studienprogramms „Deutsche Sprache in der Fachkommunikation" am Lehrstuhl für Germanistik der Philosophischen Fakultät der Universität der Hl. Cyrill und Method in Trnava (Slowakei) gedacht. Im Rahmen dieses Kurses sollten sich die Studenten mit den Grundlagen der Fachsprache im Bereich „Unternehmen" vertraut machen und sich einen spezifischen Wortschatz des „Wirtschaftsdeutschen" und die einschlägigen Fachkenntnisse aneignen.

Die Materialien sind jedoch im weitesten Sinne auch für alle anderen Deutschlernenden geeignet, die sich für die Fachsprache im Bereich Wirtschaft interessieren und die Stufe B2 bzw. C1 des Gemeinsamen europäischen Referenzrahmens für Fremdsprachen erreicht haben.

Im Vordergrund der einzelnen Lektionen stehen das Leseverstehen und die Arbeit mit dem Fachwortschatz. Darüber hinaus sind die meisten Aufgaben kommunikativ ausgerichtet – es geht v. a. um die Entwicklung der Fertigkeit Sprechen in einem fachbezogenen Kontext. Die Studenten sollten darüber hinaus lernen, die Informationen selbst aufzusuchen, sie auszuwerten und zu verarbeiten und anschließend die Ergebnisse der Arbeit zu präsentieren, es werden sowohl selbstständige Arbeit als auch Kooperation im Team fokussiert. Einen weiteren Aspekt bildet das Training für die Fertigkeiten Übersetzen und Dolmetschen. Dabei ist das Lehrbuch primär für slowakische Lernende regionalisiert, aber die Aufgabenstellungen enthalten meistens auch Alternativen für Studierende mit einer anderen Muttersprache.

Das Lehrbuch eignet sich besser für die organisierten Lehrveranstaltungen und rechnet mit der Unterstützung des Lernprozesses durch den Lehrer. Die ausgewählten Texte bieten trotzdem auch die Möglichkeit an, sich selbst in der Lektüre der fachbezogenen Texte zu vertiefen.

Von der Lehrkraft wird erwartet, dass der Unterricht um Aufgaben zum Hörverstehen und Schreiben, die nicht im Mittelpunkt des Lehrwerkes stehen und im Rahmen des oben genannten Studienprogramms durch selbstständige Kurse gedeckt werden, erweitert wird. Der Lehrer soll auch die Projektarbeiten, Präsentationen und Gruppendiskussionen steuern. Da die Mehrheit der Aufgaben eine offene Lösung hat, wurde auf die Zusammenstellung eines Lösungsschlüssels verzichtet. Bei Zweifelsfällen empfiehlt es sich, die Originaltexte, die im Quellenverzeichnis aufgelistet sind, zur Hilfe zu nehmen.

Die Lektionen können chronologisch erarbeitet werden. Obwohl die späteren Lektionen hin und wieder zur Wiederholung auf den vorherigen Lernstoff zurückgreifen, eignen sich die thematischen Lektionen auch einzeln als ergänzendes Unterrichtsmaterial für andere Kurse.

Das Lehrbuch erhebt natürlich nicht den Anspruch, das Problemfeld des Wirtschaftsdeutschen auszuschöpfen. Es handelt sich vor allem um einen „Schnupperkurs", bei dem der erste Kontakt mit der Fachsprache aufgebaut werden soll. Die gewonnenen Kenntnisse und Fertigkeiten sollten in den Aufbaukursen um weitere Themen wie Unternehmensplanung, Geschäftsverkehr, Marketing usw. erweitert werden.

Ich wünsche allen Studenten und Lehrenden eine anregende Arbeit mit diesem Lehrbuch.

Ján Demčišák

Ján Demčišák

Fachsprache: Unternehmen

Lehrbuch für Deutsch als Fremdsprache

Das Buch erscheint dank der Unterstützung des Förderfonds für Forschung
Philosophische Fakultät der Universität der hl. Cyrill und Method in Trnava

Fachsprache: Unternehmen. Lehrbuch für Deutsch als Fremdsprache
© 2015 Ján Demčišák
Rezensenten: Dr. Daniela Drinková
               Dušan Fedič, PhD.

Verlag: tredition GmbH, Hamburg

ISBN 978-3-8495-8058-2
Paperback

Printed in Germany

Bibliografische Information der Deutschen Nationalbibliothek:

Die Deutsche Nationalbibliothek verzeichnet diese Publikation in der Deutschen Nationalbibliografie; detaillierte bibliografische Daten sind im Internet über http://dnb.d-nb.de abrufbar.

Inhaltsverzeichnis

1   Was ist ein Unternehmen?

Aufgabe 1

Sprechen Sie in Kleingruppen über folgende Fragen. Vergleichen Sie Ihre Ergebnisse im Plenum.

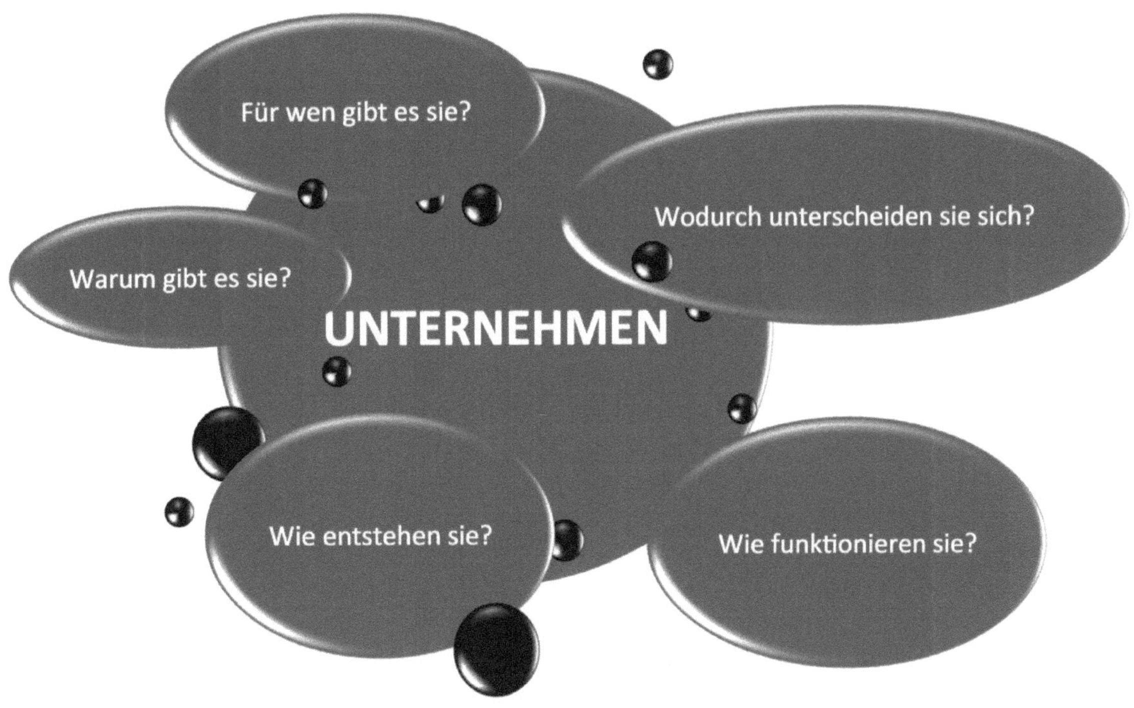

Aufgabe 2

Lesen Sie den folgenden Text, vergleichen Sie die Ergebnisse der Plenumsdiskussion mit den Inhalten des Textes.

Wenn Geld der Motor unserer Gesellschaft ist, dann sind die Unternehmen die einzelnen Zahnräder, welche den Motor antreiben. Jedes Unternehmen bietet etwas an. Manchmal ist es ganz einfach, das Produkt zu erkennen: Der Tante-Ema-Laden verkauft Lebensmittel und weitere Artikel des täglichen Bedarfs, die Metzgerei verkauft Fleisch und im Spielwarengeschäft kann man Spielzeug kaufen. Schwieriger wird es, wenn ein Unternehmen Dienstleistungen anbietet. Auch die Fahrdienste des Busunternehmens stellen eine Wirtschaftsleistung dar. Kompliziert wird es, wenn eine Bäckerei sowohl Waren – also frisches Brot und Gebäck – herstellt (Produktion), als auch verkauft (Handel). Und wenn die Bäckerei die Waren jeden Morgen frisch an die Tür liefert, dann erfolgt auch eine Dienstleistung – von ein und demselben Unternehmen. Bevor man morgens den Fuß vor die Tür setzt, hat man bereits die Dienste und Waren von Unternehmen in Anspruch genommen. Man wird von einem Wecker des Uhrenherstellers aus dem Bett geklingelt, frühstückt das Brot aus der Bäckerei, liest die Zeitung des Verlagshauses usw. Dass für Zähneputzen und Duschen Wasser aus der Leitung kommt, ist für uns selbstverständlich. Auch dies ist die Leistung eines Unternehmens. Machen wir uns bewusst, wie oft wir Leistungen von Unternehmen nützen. Unternehmen nehmen nicht nur Geld ein – sie bezahlen auch welches an ihre Mitarbeiter. Firmen sind Arbeitgeber und damit unverzichtbar für das Funktionieren unserer Gesellschaft. Jedes Unternehmen braucht eine Geschäftsleitung. Sie bestimmt, welche Abteilungen es gibt und was dort geleistet wird – etwa Forschung, Einkauf, Herstellung, Verkauf und Auslieferung. Die Geschäftsführung muss so wirtschaften, dass alle Mitarbeiter im Unternehmen für ihre Arbeit bezahlt werden können.

Aufgabe 3

Schlagen Sie mit einem Partner/einer Partnerin eine Definition des Begriffs „Unternehmen" vor.

Unternehmen =

Aufgabe 4

Lesen Sie folgende Definitionen des Begriffes „Unternehmen" und suchen Sie Ähnlichkeiten mit Ihrer Definitionen des Begriffs aus der Aufgabe 3.

Definition 1

Ein Unternehmen ist eine wirtschaftlich selbstständige Organisationseinheit, die mit Hilfe von Planungs- und Entscheidungsinstrumenten Markt- und Kapitalrisiken eingeht und sich zur Verfolgung des Unternehmenszweckes und der Unternehmensziele eines oder mehrerer Betriebe bedient. Die Begriffe Unternehmen, Gesellschaft, Firma und Betrieb sind dem Duden zufolge Synonyme. In den rechts- und wirtschaftsbezogenen Fachsprachen werden die Begriffe jedoch unterschieden; danach kann z. B. ein Betrieb eine systemunabhängige Wirtschaftseinheit zur Fremdbedarfsdeckung sein, während ein Unternehmen einen oder mehrere Betriebe besitzen kann und eine Gesellschaft lediglich eine Rechtsform oder eine Organisationsform ist.

(Wikipedia)

Definition 2

Ein Unternehmen ist eine wirtschaftlich-finanzielle und rechtliche Einheit, für die das erwerbswirtschaftliche Prinzip konstituierend ist – im Gegensatz z.B. zu öffentlichen Betrieben. Formales Merkmal ist in allen Fällen die Rechtsträgerschaft (z.B. GmbH, AG), durch die die wirtschaftlich-finanzielle Einheit überhaupt erst in seiner spezifischen Struktur der Eigentümerverhältnisse entsteht und durch einen Zweck definiert wird. Zur Erreichung seines Unternehmenszwecks und seiner Unternehmensziele bedient sich das Unternehmen einem, mehrerer oder auch keiner Betriebe (z.B. Holding).

(Gabler Wirtschaftslexikon)

Definition 3

Aus Gründen der Arbeitsteilung haben sich im Wirtschaftsleben zwei Gruppen von Einzelwirtschaften herausgebildet: die Unternehmen und die Haushalte. Den Unternehmen kommt die Aufgabe zu, Güter und Leistungen für den Bedarf Dritter zu erstellen. Damit verfolgen sie ganz bestimmte Unternehmensziele, die sich unterscheiden lassen in Sachziele (welches Produkt- oder Leistungsprogramm genau am Markt angeboten werden soll) und Formalziele (warum Unternehmen jeweils bestimmte Sachziele verfolgen). Eine einheitliche Definition des Unternehmens hat sich bis heute nicht durchgesetzt. Das Unternehmen wird in dieser Hinsicht vom Begriff des Betriebes abgegrenzt, der für eine Produktionsstätte als Teil eines Unternehmens verwendet wird. In der Betriebswirtschaftslehre wird aber auch die gegenteilige Position vertreten, nach der die Unternehmung der untergeordnete Teil, der Betrieb dagegen der Oberbegriff ist.

(Wirtischatslexikon24.com)

Aufgabe 5

Erklären Sie mit eigenen Worten die Bedeutung von folgenden Begriffen:

- Kapitalrisiko
- Fremdbedarfsdeckung
- Rechtsträgerschaft
- Eigentümerverhältnisse
- Bedarf Dritter
- Produkt- und Leistungsprogramm
- erwerbwirtschaftliches Prinzip
- Produktionsstätte

Aufgabe 6

Vergleichen Sie nun die drei Definitionen untereinander, welche Gemeinsamkeiten und Unterschiede können Sie feststellen?

Aufgabe 7

Ein Unternehmen des 21. Jahrhunderts ist ohne Sozialvernetzung kaum vorstellbar. Die Entwickler der Unternehmensanwendung Zyncro (www.zyncro.com) bezeichnen das moderne Unternehmen als Unternehmen 2.0 und fassen dessen charakteristische Merkmale in der folgenden Grafik zusammen.

Besprechen Sie in Kleingruppen, wie Sie die Grafik verstehen und äußern Sie sich dazu, ob und warum Ihrer Meinung nach die vier Hauptpunkte (interne Beziehungen, externe Beziehungen, Produktivität, Systeme) für jedes moderne Unternehmen von Bedeutung sind.

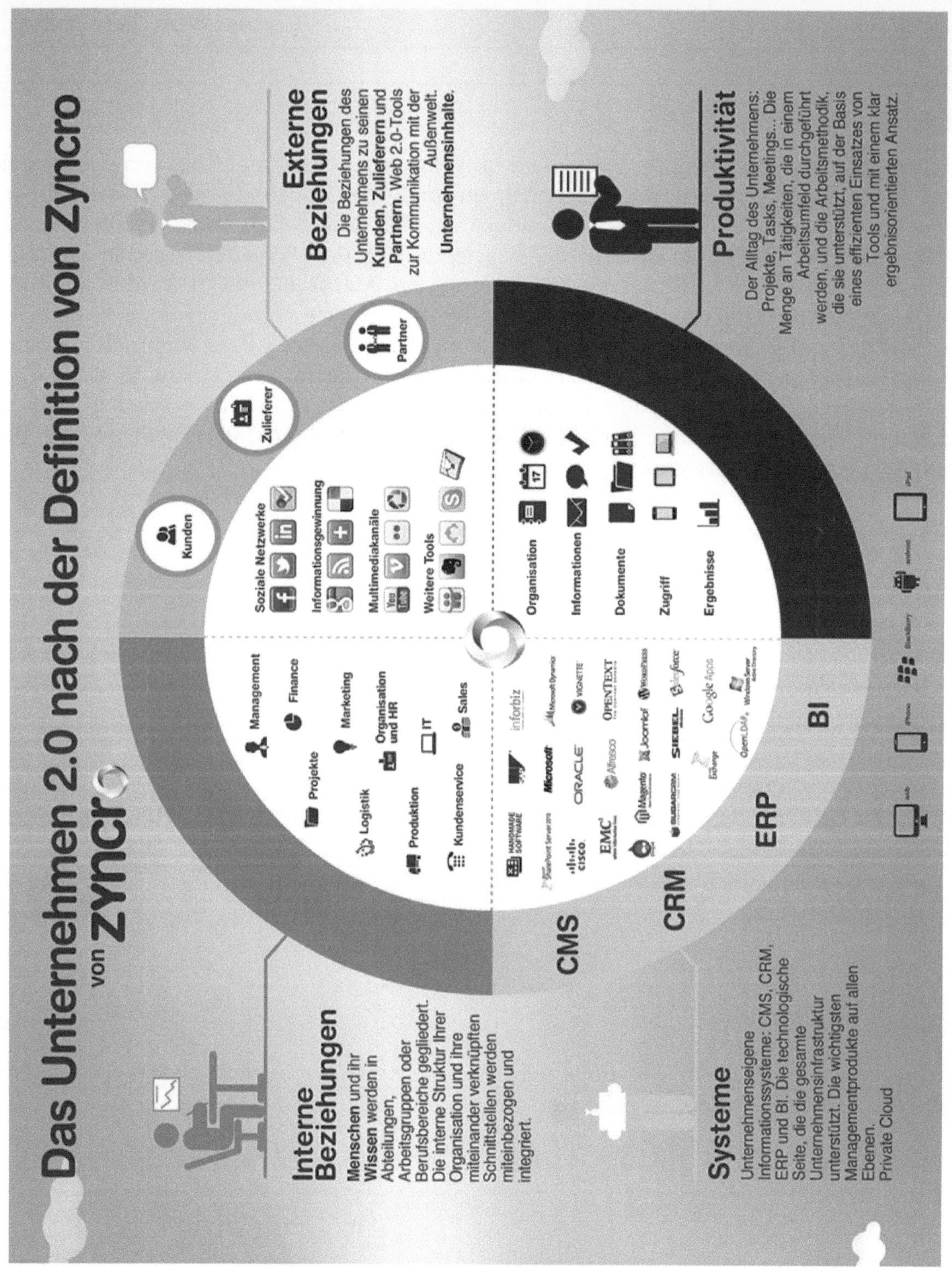

Aufgabe 8

Erläutern Sie, warum für jedes Unternehmen folgende Aspekte wichtig sind:

- Selbstständigkeit
- Initiative
- Mut und Kreativität
- Innovation bei Aufgabenlösungen und Zielerreichung
- Entscheidungsfähigkeit
- Risikobereitschaft

Aufgabe 9

Lesen Sie das Interview mit Guido Glania, dem Geschäftsführer der Deutsch-Slowakischen Industrie- und Handelskammer (DSIHK). Finden Sie im Text Beispiele für die Aspekte, die Sie in der Aufgabe 8 erläutert haben.

Auffallend an der Struktur der slowakischen Wirtschaft ist die starke Abhängigkeit von wenigen Produktionsbranchen, allen voran der Automobilindustrie und auch der Elektronikindustrie. Seit Jahren spricht eine slowakische Regierung nach der anderen über die Transformation von einer reinen Werkbank zu einer wissensorientierten Ökonomie. Ist das angesichts der gegenwärtigen Struktur überhaupt realistisch?

Es wird wenig in Forschung investiert. Ein sehr schöner Trend ist aber, dass immer mehr Unternehmen gerade aus Deutschland zunehmend Entwicklungsaufgaben, also Engineering-Tätigkeiten in der Slowakei wahrnehmen. Das sehen wir zum Beispiel bei Continental in Zvolen oder Scheidt & Bachmann in Žilina. Allerdings sind solche interessanten Projekte von Firmen weitgehend isoliert von der slowakischen Forschungslandschaft, also den Universitäten und anderen Wissenschaftseinrichtungen. In Deutschland gibt es sehr viel Auftragsforschung mit Drittmittelfinanzierung, in der Slowakei sieht man davon noch nicht so viel. In Deutschland funktioniert aber auch die Berufsausbildung in engerer Kooperation von Bildungseinrichtungen und Firmen. In der Slowakei ist die berufliche Ausbildung sehr praxisfern, die Hochschulen sind zum Teil gut, aber dazwischen klafft eine große Lücke, die in Deutschland durch eine schöne Brücke zwischen beruflicher und universitärer Ausbildung etwa an Fachhochschulen geschlossen wird.

Die Slowakei hatte ja in realsozialistischer Zeit auch eine duale Berufsausbildung nach ähnlichem Prinzip, wie es jetzt aus Deutschland wieder importiert werden soll. Wo ist der Fehler passiert, dass man die schon bestehende gute Ausbildung hat aushungern lassen und nun ihr Fehlen beklagen muss?

Anscheinend war das auch eine gewisse Fehlberatung im Rahmen der Phare-Programme der Europäischen Union. Da hat man geraten, einen Bildungsmarkt nach britischem Modell zu schaffen, das war dann aber zu kurzsichtig. Wenn man schon damals darauf geschaut hätte, dass die Unternehmen mehr für die Ausbildung ihrer Mitarbeiter verantwortlich sind, dann wäre Vieles besser gelaufen. Wir sehen aber jetzt, dass auch auf Initiative von privaten Firmen wieder einiges Erfreuliches geschieht. Interessante Pilotprojekte zur dualen Ausbildung gibt es etwa in Gestalt eines neuen VW-Ausbildungszentrums in Bratislava oder bei T-Systems in Košice, wo seit September in Kooperation mit einer technischen Schule Fachinformatiker ausgebildet werden. Solche praxisorientierten Ausbildungsmodelle haben Vorbildwirkung auch für andere Firmen, die selbst initiativ werden wollen.

Eine Branche mit viel Potenzial wäre in der Slowakei der Tourismus. Warum funktioniert es damit nicht besser?

Viel geholfen wäre schon, wenn alle die Slowaken, die immer über die Schönheit des Landes sprechen, dieses touristische Potenzial auch selbst nutzen und mehr im Land herumfahren würden. Ich als Ausländer habe in wenigen Jahren von der Slowakei schon mehr gesehen als die meisten Slowaken selbst. Dann kommt es aber auch dazu, dass erst eine gewisse Tourismuskultur erlernt werden muss – und natürlich kommen wir da wieder auf das Thema Vermarktung zurück. Wenn jemand international noch überhaupt kein Image hat und dabei aber so wenig tut, um sich eines zu schaffen, darf sich nicht wundern, dass die Touristen nicht von selber kommen. Die Slowakei ist ja auch nicht mehr eines der billigsten Urlaubsländer in Mitteleuropa.

Was gefällt Ihnen selbst an Bratislava und der Slowakei?

Die Stadt hat mir von Anfang an gefallen. Der Wechsel aus Brüssel hierher war spannend für mich. Auch weil meine Arbeit hier für mich etwas Neues war. Ich bin davon überzeugt, dass wir als DSIHK Impulse für die Zukunft der Slowakei geben können und müssen. Diese Perspektive macht meine Arbeit spannend. Bratislava als Stadt ist angenehm überschaubar, man kann sich hier leicht orientieren und die Slowaken sind ja sehr umgänglich und hilfsbereit. Die Lage im Dreiländereck ist auch sehr interessant. Freilich wäre mir als Kölner eine pulsierende Metropole manchmal schon sehr recht. Vor allem mehr Multikulturalität und Mut zur Originalität. Von der historischen Mehrsprachigkeit, die immer beschworen wird, merkt man doch in der Gegenwart nicht mehr viel. Die Ungarn zum Beispiel sind in Bratislava ja völlig versteckt und unbemerkbar. Mich fasziniert immer wieder aufs Neue, wie dynamisch sich unsere Mitglieder entwickeln. Dieses Unternehmertum gibt Mut für die Zukunft der Slowakei.

Aufgabe 10

Erklären Sie mit eigenen Worten die Bedeutung folgender Wörter im Text:

- Entwicklungsaufgaben/Engineering
- Drittmittelfinanzierung
- Bildungsmarkt
- Dualausbildung
- Tourismuskultur
- Dreiländereck

Aufgabe 11

Nehmen Sie eine Stellung zu dem Interview und diskutieren Sie im Plenum über:

a) Probleme der Slowakei und der slowakischen Unternehmen,
b) mögliche Lösungsansätze und das unternehmerische Potenzial der Slowakei.

Aufgabe 12

In der folgenden Grafik stehen unterschiedliche Typen von Unternehmen. Sortieren Sie die Unternehmenstypen jeweils anhand eines gemeinsamen Kriteriums. Bei unbekannten Abkürzungen schlagen Sie in einem Wörterbuch nach oder recherchieren Sie im Internet.

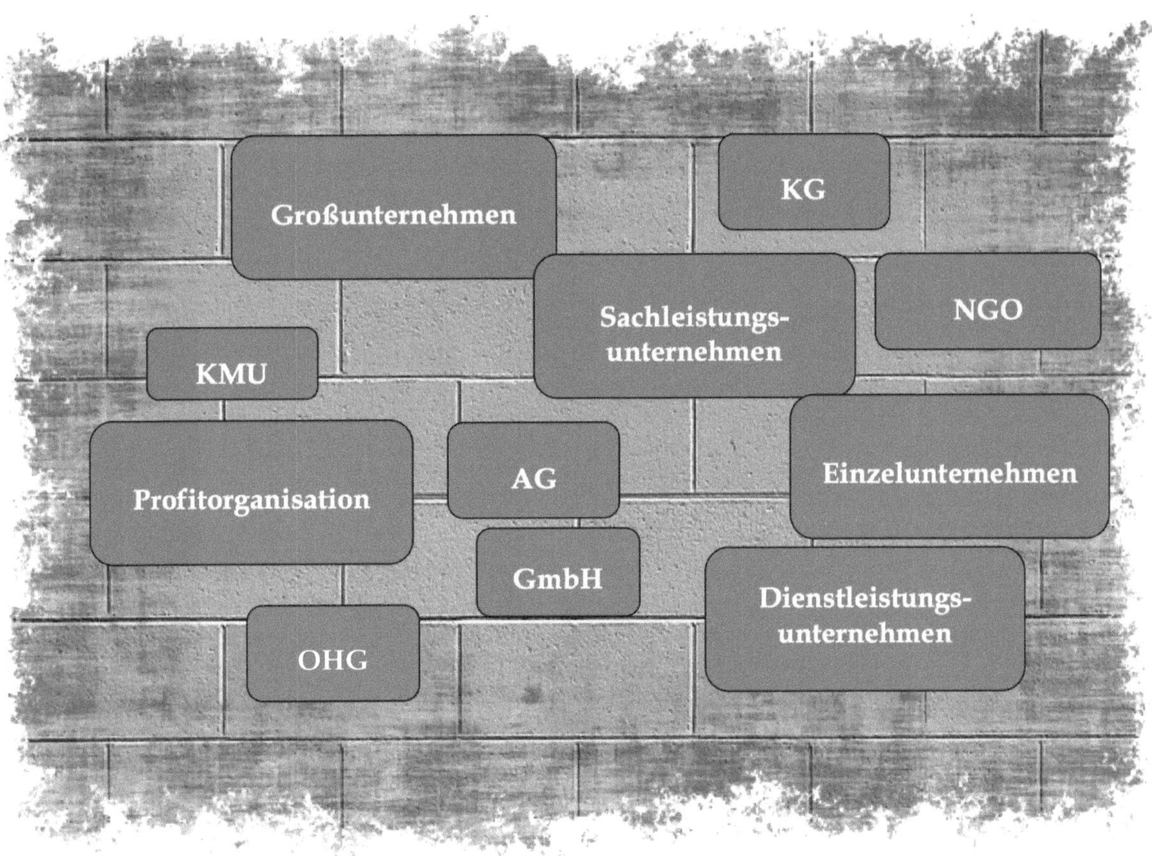

Aufgabe 13

Ergänzen Sie die Typologie aus der Aufgabe 12 um Unternehmenstypen, die in der Grafik nicht angeführt sind. Arbeiten Sie mit dem Internet oder einem Wirtschaftslexikon. Vervollständigen Sie nur die Klassifizierung und einzelne Termini. Es geht jedoch nicht um das Studium der Einzelheiten.

Notizen und Vokabeln

2   Unternehmensprofile

Aufgabe 1

Sprechen Sie über folgende Unternehmen, die durch ihre Logos präsentiert sind.
Wie sehen die Logos in der Farbe aus? Woher kennen Sie die Unternehmen? Was wissen Sie über
sie? Welche persönlichen Erfahrungen haben Sie mit ihnen gemacht?

Aufgabe 2

Lesen Sie drei kurze Profile von weltbekannten Unternehmen und sammeln Sie im nachstehenden Raster Informationen zu den Geschäftsbereichen, Organisationstruktur und zu den Strategien der Unternehmen.

Lufthansa

Lufthansa Group ist ein weltweit operierendes Luftverkehrsunternehmen. Sie besteht aus fünf Geschäftsfeldern, die die Bereiche Passagierbeförderung (Passage Airline Gruppe) und Luftfracht (Logistik) sowie nachgelagerte Dienstleistungen abbilden: Technik, Catering und IT Services. Sämtliche Geschäftsfelder zählen zu den Marktführern in ihren Bereichen. Zur Lufthansa Group gehören insgesamt fast 500 Tochterunternehmen.
Die Deutsche Lufthansa AG verfügt über die in Deutschland übliche Leitungs- und Überwachungsstruktur. Sie wird durch fünf Vorstände geleitet. Der Vorstand leitet das Unternehmen in eigener Verantwortung, legt die strategische Ausrichtung fest und verfolgt das Ziel einer nachhaltigen Steigerung des Unternehmenswerts. Der Aufsichtsrat bestellt, berät und überwacht den Vorstand. Die einzelnen Geschäftsfelder werden mit Ausnahme der Lufthansa Passage im Geschäftsfeld Passage Airline Gruppe in jeweils eigenen Konzerngesellschaften geführt. Sie besitzen eigene Geschäfts- und Ergebnisverantwortung und werden von ihren jeweiligen Aufsichtsräten überwacht, in denen auch Mitglieder des Vorstands der Deutschen Lufthansa AG vertreten sind.
Die Lufthansa Group hat sich vier wesentliche strategische Ziele gesetzt, an denen sie ihr Wirtschaften und Handeln ausrichtet. Dies sind die Steigerung des Unternehmenswerts, der Ausbau der führenden Marktpositionen der Airlines und Service-Gesellschaften durch aktive Mitgestaltung der Luftfahrtbranche, die permanente Verbesserung der Kundenzufriedenheit sowie ein ökonomisch, ökologisch und sozial ausgewogenes, nachhaltiges Wirtschaften.

BMW

Die BMW Group ist weltweit einer der erfolgreichsten Hersteller von Automobilen und Motorrädern und zählt zu den größten Industrieunternehmen in Deutschland. Das Unternehmen verfügt heute mit BMW, MINI und Rolls-Royce über drei der stärksten Premiummarken in der Automobilbranche. Die Fahrzeuge der BMW Group setzen höchste Standards hinsichtlich Ästhetik, Dynamik, Technik und Qualität und belegen damit die Technologie- und Innovationsführerschaft des Unternehmens. Neben einer starken Marktposition im Motorradgeschäft mit der Marke BMW ist das Unternehmen auch im Geschäft mit Finanzdienstleistungen erfolgreich. Das Unternehmen ist auf Profitabilität und langfristige Wertsteigerung ausgerichtet – technologisch, strukturell und kulturell. Im Jahr 2007 wurden die Weichen für eine erfolgreiche Zukunft gestellt und Maßnahmen in vier Bereichen umgesetzt: Wachstum, Zukunft gestalten, Profitabilität und Zugang zu Technologien und Kunden. Die Aktivitäten sind dabei weiter auf die Premiumsegmente der internationalen Automobilmärkte ausgerichtet. Die strategische Zielsetzung ist klar definiert: Die BMW Group ist der weltweit führende Anbieter von Premium-Produkten und Premium-Dienstleistungen für individuelle Mobilität.
Der Aufsichtsrat der Gesellschaft besteht aus mehreren Gremien. Das Präsidium kümmert sich um die Geschäftsordnung und bereitet die Aufsichtsratssitzungen vor. Der Personalausschuss entscheidet über die Bestellung und Abberufung von Vorstandsmitgliedern, die Ermittlung geeigneter Kandidaten erfolgt durch den Nominierungsausschuss. Wenn ein Beschluss über die Bestellung eines Vorstandsmitglieds nicht die erforderliche Mehrheit von zwei Dritteln der Stimmen der Mitglieder des Aufsichtsrats erreicht hat, wird der Vermittlungsausschuss eingeschaltet. Der Rechnungslegungsprozess und das interne Kontrollsystem werden vom Prüfungsausschuss überwacht.

OMV

OMV ist ein integriertes, internationales Öl- und Gasunternehmen und das größte börsennotierte Industrieunternehmen Österreichs. Der Geschäftsbereich Exploration und Produktion verfügt über eine starke Basis in Rumänien und Österreich und ein wachsendes internationales Portfolio. Die OMV betreibt ein Gaspipelinenetz in Österreich und Gasspeicher in Österreich und Deutschland. Im Bereich Raffinerien und Marketing verfügt die OMV über eine jährliche Raffineriekapazität von 17,4 Mio. Tonnen und mit Ende 2013 über rund 4.200 Tankstellen in 11 Ländern.
OMV leitet der Vorstand als Exekutivorgan. In einer Geschäftsordnung, die vom Aufsichtsrat genehmigt wurde, sind die einzelnen Verantwortungsbereiche festgelegt, Berichts- und Zustimmungspflichten definiert und Abläufe beschrieben. Der Aufsichtsrat der OMV besteht aus 10 von der Hauptversammlung gewählten Vertretern (Kapitalvertreter) und 5 Arbeitnehmervertretern. Alle Mitglieder verfügen über qualifizierte internationale Erfahrung in verschiedenen Branchen.
Der OMV Vorstand präsentierte im September 2011 in Istanbul ein überarbeitetes Vorhaben des Unternehmens, basierend auf den Säulen „Wachstum – Integration – Veränderung – Performance". Der Geschäftsbereich E&P (Exploration & Produktion) wird über die nächsten Jahre hinweg einen deutlich größeren Stellenwert im OMV Konzern einnehmen. Im Geschäftsbereich G&P (Gas & Power) wird das Augenmerk auf der Optimierung des Gas-Portfolios der OMV liegen, sowie auf der Vernetzung der OMV Märkte. R&M (Refining & Marketing) wird weiterhin ein wichtiger Geschäftsbereich bleiben und sich aufgrund der schwierigeren Marktsituation vermehrt auf Optimierung und Effizienzsteigerung konzentrieren. Um die Herausforderungen

der Zukunft optimal zu bewältigen, wird das OMV Portfolio erheblich geschärft und die Profitabilität weiter gesteigert.

	Lufthansa	BMW	OMV
Geschäftsbereiche			
Organisation			
Strategien			

Aufgabe 3

Vergleichen Sie die drei beobachteten Bereiche aus dem Raster, sprechen Sie nur anhand der notierten Punkte.

Aufgabe 4

Bilden Sie 3 Gruppen, holen Sie sich im Internet weitere Informationen zu den besprochenen Unternehmen. Jede Gruppe wählt ein anderes Unternehmen. Verteilen Sie in der Gruppe, wer welchen Aspekt des Unternehmens bearbeitet. Veranstalten Sie anschließend in Form eines Rollenspiels eine Pressekonferenz, an der Sie die Unternehmen einem Kreis von Fachleuten präsentieren.

Aufgabe 5

Ordnen Sie den Wörtern aus der linken Spalte die passenden Synonyme aus der rechten Spalte zu. Bei der Lösung der Aufgabe können Ihnen auch die Texte auf den Seiten 15 und 16 behilflich sein, wo sie die Wörter aus der linken Spalte im Kontext finden.

Ablauf	ausgeglichen
ausgewogen	disponieren
ausrichten	einbeziehen
Ausschuss	erlauben
Bestellung	Ernennung
einschalten	Filiale
Fracht	Führung
genehmigen	Geschäftsbereich
Geschäftsfeld	Kommission
Leitung	kontrollieren
Marktführer	Leader
Tochterunternehmen	orientieren
überwachen	Prozess
verfügen	Transport

Aufgabe 6

Ergänzen Sie das passende Verb in die Wortverbindungen. In einigen Fällen sind mehrere Lösungen möglich. Zur Hilfe schauen Sie in den Texten auf Seiten 15 und 16 nach.

belegen, beraten, besitzen, erfolgen, festlegen, leiten, setzen, setzen, stellen, vertreten

sich ein Ziel _______________	in eigener Verantwortung _______________
strategische Ausrichtung _______________	den Vorstand _______________
Ergebnisverantwortung _______________	im Aufsichtsrat _______________ sein
höchste Standards _______________	Technologieführerschaft _______________
Weichen _______________	Ermittlungen _______________ durch

Aufgabe 7

Lesen Sie den folgenden Text über Firma Henkel und ergänzen Sie die fehlenden Präpositionen.

Schon heute ist Henkel mit bekannten Marken wie Persil, Schwarzkopf oder Loctite führender Anbieter im Konsumenten- und im Industriegeschäft. Henkel ist _________ drei Geschäftsfeldern tätig: Wasch-/Reinigungsmittel, Schönheitspflege und Klebstoff-Technologien.
Das Unternehmen hat seinen Sitz in Düsseldorf und verfügt weltweit _________ rund 47.000 Mitarbeiter. Henkel ist _________ allen wichtigen Wachstumsmärkten präsent. Die Strategie baut _________ den Unternehmenswerten von Henkel auf. Um sie erfolgreich umzusetzen und das gesamte Unternehmen _________ das gemeinsame Ziel auszurichten, hat sich Henkel vier strategische Prioritäten festgelegt: das Potenzial _________ allen strategischen Kategorien ausschöpfen, _________ Regionen mit hohem Potenzial fokussieren, _________ operativer Exzellenz streben und das globale Team stärken. Der Vorstand stimmt die strategische Ausrichtung des Unternehmens _________ dem Gesellschafterausschuss ab und erörtert mit ihm in regelmäßigen Abständen den Stand der Strategieumsetzung.

Aufgabe 8

Ordnen Sie die unterschiedlichen Produkte den drei Geschäftsbereichen der Firma zu. Bei unbekannten Wörtern schlagen Sie im Wörterbuch nach.

Beschichtungen   Dichtstoffe   Entfeuchter   Geschirrspülmittel   Haarfarbe   Haarpflege
Haarstyling   Hautpflege   Insektizide   Klebstoffe   Körperpflege   Korrekturbänder
Lötmaterialien   Lufterfrischer   Mundhygiene   Oberflächenreiniger   Reinigungsmittel
Schmiermittel   Waschmittel   Waschzusätze   WC-Reiniger

Wasch und Reinigungsmittel Laundry & Home Care	Schönheitspflege Beauty Care	Klebstoff-Technologien Adhesive Technologies

Aufgabe 9

Schauen Sie sich die folgenden Grafiken an, mit denen sich die Firma Henkel im Internet präsentiert. Stellen Sie mit Hilfe der Grafiken und der Informationen aus den Aufgaben 7 und 8 das Unternehmen einem Fachpublikum vor.

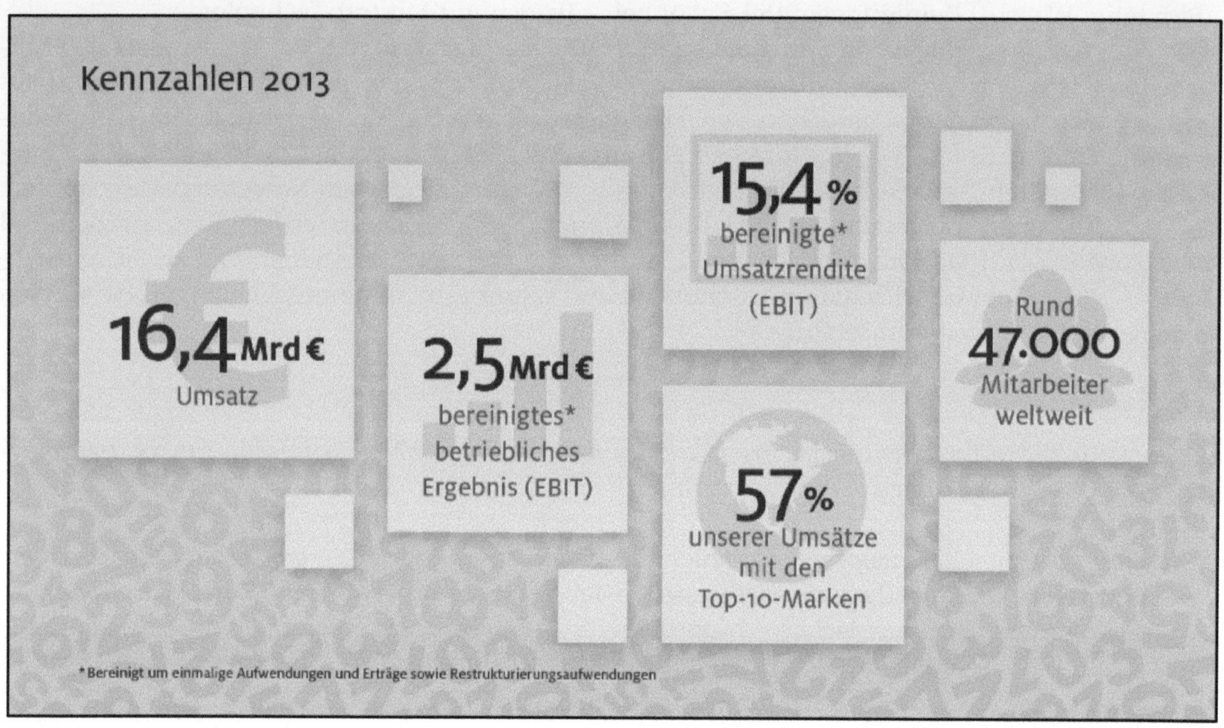

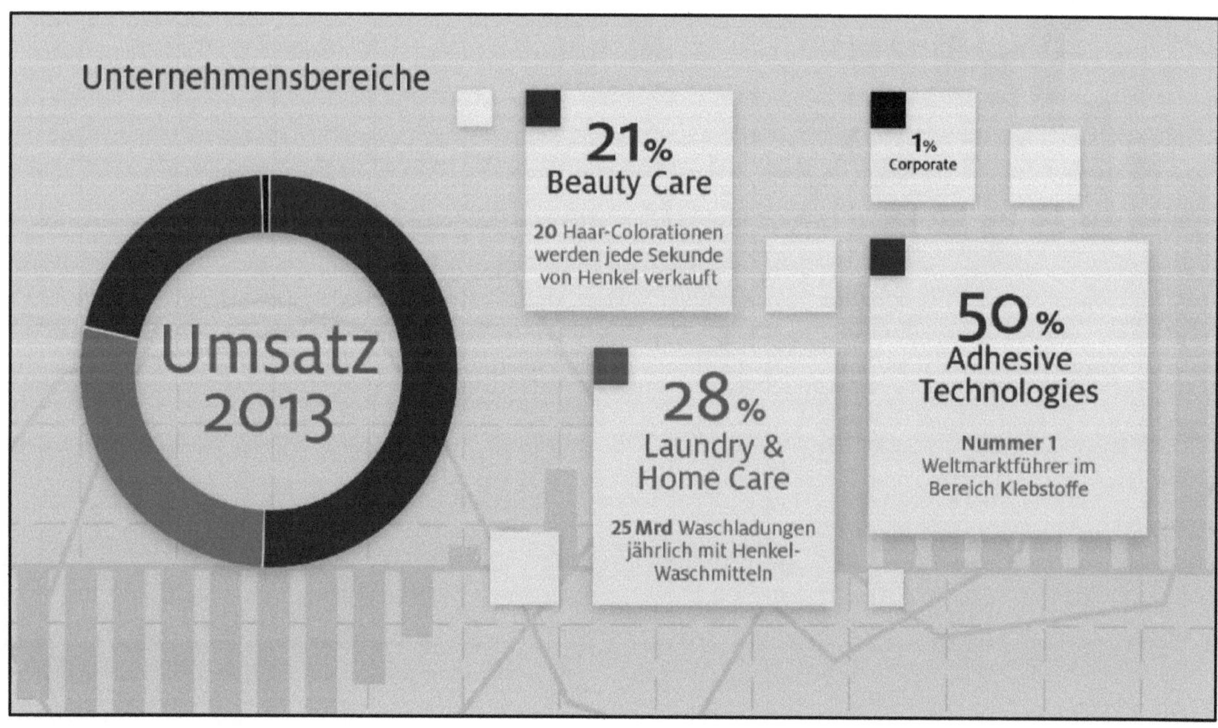

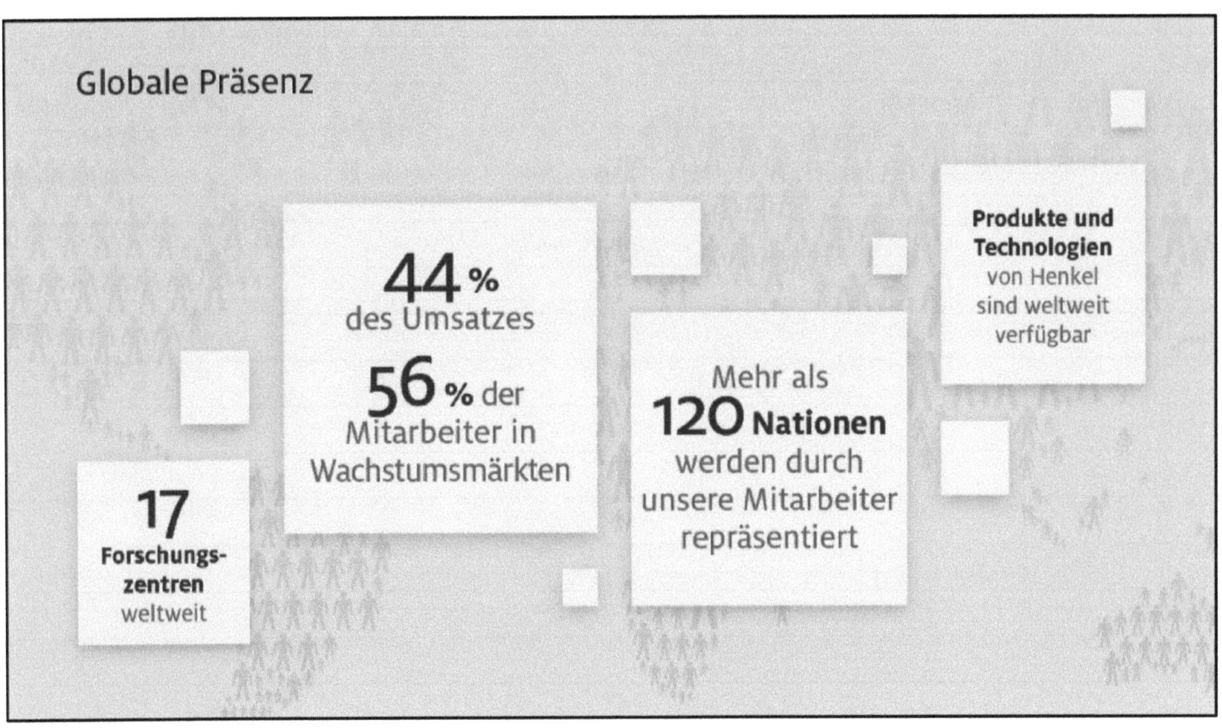
Globale Präsenz
44 %
des Umsatzes
56 % der
Mitarbeiter in
Wachstumsmärkten
17
Forschungs-
zentren
weltweit
Mehr als
120 Nationen
werden durch
unsere Mitarbeiter
repräsentiert
Produkte und
Technologien
von Henkel
sind weltweit
verfügbar

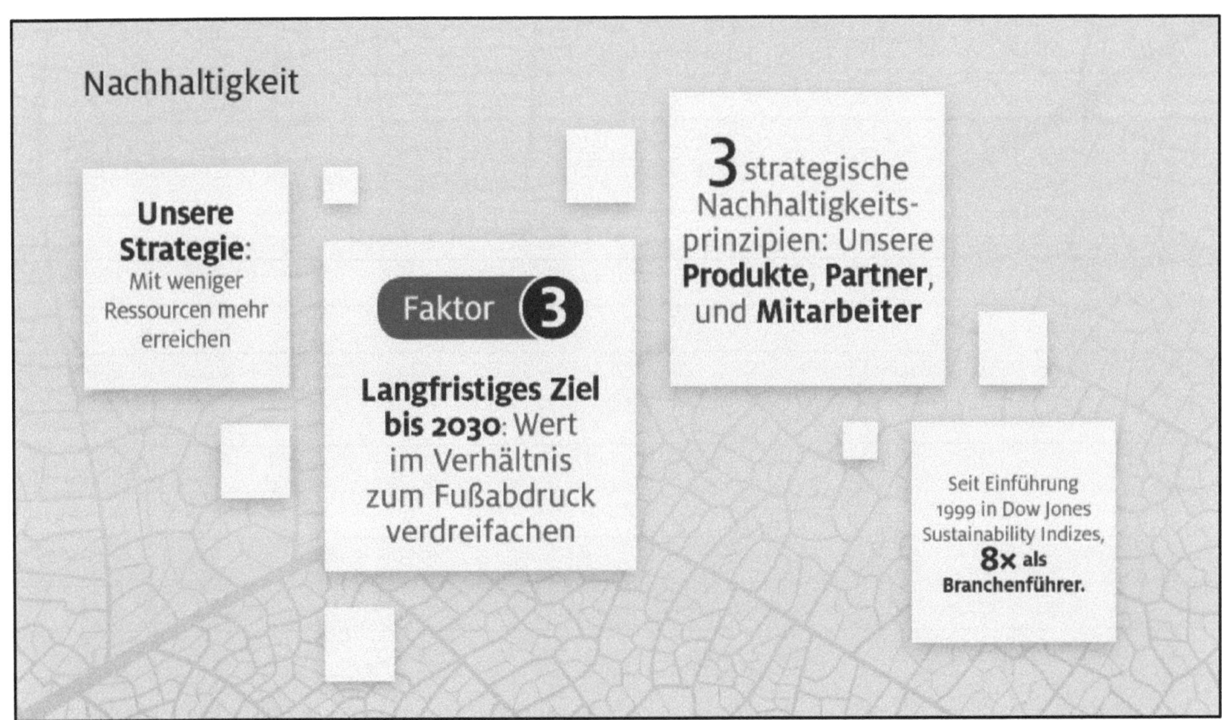
Nachhaltigkeit
Unsere
Strategie:
Mit weniger
Ressourcen mehr
erreichen
Faktor 3
Langfristiges Ziel
bis 2030: Wert
im Verhältnis
zum Fußabdruck
verdreifachen
3 strategische
Nachhaltigkeits-
prinzipien: Unsere
Produkte, Partner,
und Mitarbeiter
Seit Einführung
1999 in Dow Jones
Sustainability Indizes,
8x als
Branchenführer.

Notizen und Vokabeln

3   Unternehmensidentitäten

Aufgabe 1

Tragen Sie Ihre Assoziationen zu dem Begriff „Unternehmensimage" in das Bild ein und erläutern Sie jeweils kurz, was Sie damit meinen.

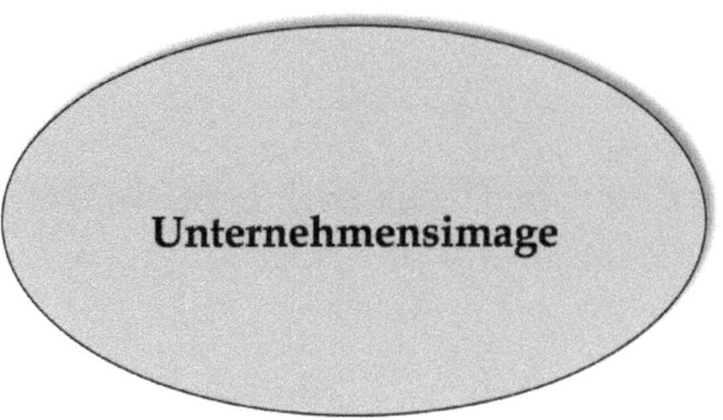

Aufgabe 2

Schreiben Sie ein paar Gedanken auf zum Thema „Unternehmen, das mich beeindruckt". Beschreiben Sie dabei Ihre persönliche Erfahrung, die Sie mit einem Geschäft oder einer Dienstleistung in Ihrem Heimatland oder im Ausland gemacht haben. Dabei kann es sich um positive als auch negative Erfahrungen handeln. Äußern Sie sich vor allem zu folgenden Punkten:

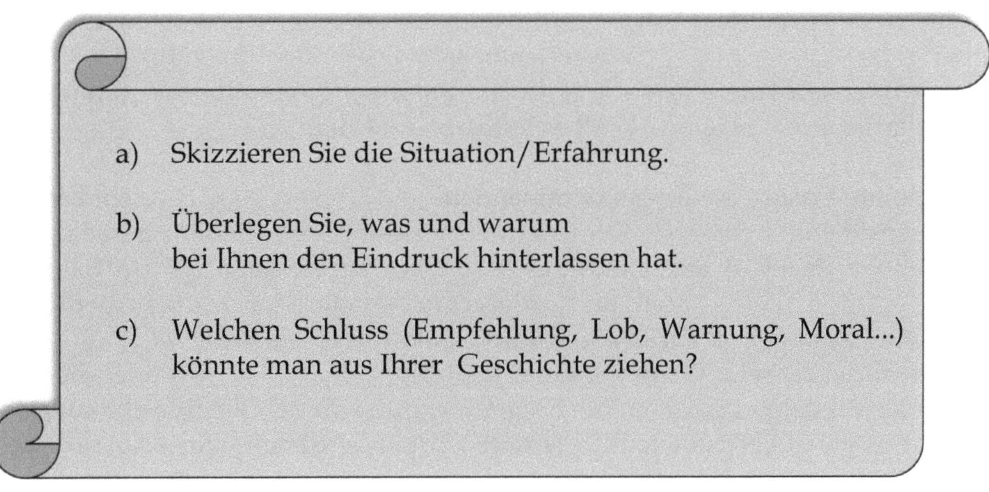

Aufgabe 3

Präsentieren Sie Ihre Texte in der Gruppe. Stellen Sie Gemeinsamkeiten und Unterschiede Ihrer Beobachtungen fest.

Aufgabe 4

Die Erscheinung eines Unternehmens nach außen bezeichnet man in der Fachsprache als Corporate Design. Lesen Sie den folgenden Text über Corporate Design und ersetzen Sie die 7 kursiv gedruckten Wörter durch passende deutsche Ausdrücke. Nehmen Sie bei Schwierigkeiten ein Wörterbuch zur Hilfe.

Das *Corporate Designs* ist die Leitlinie für das einheitliche *Design* eines Unternehmens, eine Leitlinie für die sogenannte Unternehmenserscheinung. Es ist neben der *Corporate Communication*, dem *Corporate Behaviour*, der *Corporate Philosophy*, der *Corporate Culture* und der *Corporate Language* einer von mehreren Grundpfeilern der *Corporate Identity*.

Aufgabe 5

Lesen Sie den Text „Warum ein Corporate Design wichtig für ein Unternehmen ist" und ergänzen Sie die 10 fehlenden Substantive.

Abhebung	**Auftreten**	**Botschaft**	**Druckereien**
Erkennbarkeit	**Gestaltungsmerkmale**		**Kundenkontakt**
Leitlinie	**Werbemittel**	**Wiedererkennungswert**	

Zum Corporate Design zählen die Darstellung und der Stil aller Kommunikationsmittel des Unternehmens. Zu diesen gehören beispielsweise das Geschäftspapier, die Visitenkarten, das Unternehmenslogo, ___________________, Broschüren und Verpackungen aber auch Produkte selbst. Überdies ist eine einheitliche Kleidung zum Beispiel der Mitarbeiter im ___________________ dem Corporate Design ebenfalls zuzurechnen. Ebenso sollte auch der Internetauftritt einer Firma dem Corporate Design des jeweiligen Unternehmens entsprechen und an dieser ___________________ ausgerichtet sein. Diese Richtlinien für das Corporate Design sind meist in einem Handbuch – dem Corporate-Identity-Handbuch – dokumentiert und werden den Mitarbeitern sowie den Werbeagenturen und den ___________________ zur Verfügung gestellt.

Die beim Corporate-Design zu berücksichtigenden ___________________ sind zum Beispiel zur Unternehmensidentität passende Firmenfarben, Grundmotive, Bilder und adäquate Schriftarten. Eine wichtige Regel ist hier allerdings besonders zu beachten: „Form folgt Funktion". Nicht der ___________________ steht im Vordergrund, sondern bevor dieser Berücksichtigung findet, muss eine Lesbarkeit der jeweiligen Information oder auch die ___________________ eines Bildes gewährleistet sein. Wenn der Leser die ___________________ oder die Information nicht erkennt oder versteht, dann kann die beste Gestaltung dieses Defizit nicht ausgleichen.

Das Corporate Design ist ebenso wie die gesamte Corporate Identity eines Unternehmens sehr wichtig für die Außenwirkung und das ___________________ eines Unternehmens und somit auch ausschlaggebend für das Unternehmensimage. Ebenso ist insbesondere das Corporate Design besonders wichtig für den Wiedererkennungswert eines Unternehmens am Markt und einer positiven ___________________ von der Konkurrenz.

Aufgabe 6

Beschreiben Sie die Optik von folgenden Firmenlogos. Berichten Sie, was Sie über diese Firmen wissen.

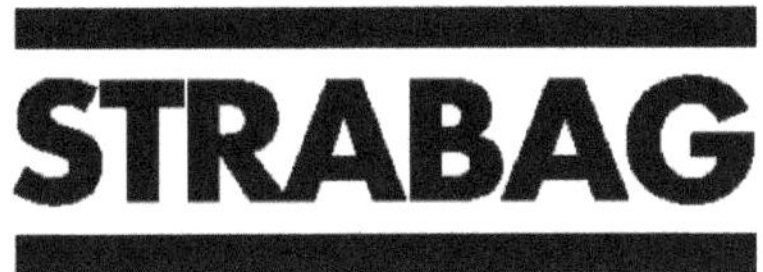

Aufgabe 7

Entscheiden Sie, welche Unternehmen aus Deutschland, welche aus Österreich und welche aus der Schweiz stammen. Schauen Sie sich im Internet die Webseiten der Firmen an und beschreiben Sie mit Hilfe von einschlägigen Fachausdrücken das Corporate Design dieser Unternehmen.

Aufgabe 8

Lesen Sie den folgenden Text über das Unternehmensleitbild. Ordnen Sie jedem Abschnitt (1 – 7) eine passende Überschrift (a – g) zu.

a)   **Bestandteile des Leitbilds**

b)   **Funktion des Leitbild**

c)   **Leitbild erstellen**

d)   **Leitbild verwirklichen**

e)   **Realisierbarkeit des Leitbilds**

f)   **Wirkung des Leitbilds messen**

g)   **Ziel des Leitbilds**

1

Ein Leitbild bietet den Mitarbeitern Orientierung und sagt der Öffentlichkeit, wofür das Unternehmen steht. Ein Unternehmensleitbild beschreibt das Selbstverständnis und die Grundprinzipien eines Unternehmens. Das Leitbild wird schriftlich fixiert und richtet sich an die Mitarbeiter, Kunden und an die Öffentlichkeit. Es gibt Antworten auf die Fragen: Wofür stehen wir? (Vision/Selbstverständnis) Was wollen wir erreichen? (Mission/Ziel) Wie wollen wir es erreichen? (Grundprinzipien/Strategie). Ein Leitbild sagt aus, was der Unternehmenszweck, die zentralen Werte, Aktivitätsfelder und konkrete Ziele eines Unternehmens sind. Es beschreibt die Mission und Vision einer Organisation sowie die angestrebte Organisationskultur in einer schriftlichen Erklärung und teilweise auch mit einem Bild oder einer Grafik.

2

Das Leitbild verdeutlicht den Sinn und Zweck des Unternehmens und gibt einen Rahmen für das tägliche Handeln vor. Die Mitarbeiter bekommen eine Vorstellung von der Unternehmensidentität, den Zielen und der Strategie des Unternehmens. Das Bewusstsein darüber motiviert und bindet die Mitarbeiter. Sie wissen, warum und wie sie ihre Aufgaben machen sollen. Dazu muss das Leitbild die Mitarbeiter für die Unternehmensziele begeistern. Das Unternehmensleitbild trägt zur Imagepflege bei. Damit hebt sich das Unternehmen von der Konkurrenz ab. Die Zielgruppen sind Kunden, Geschäftspartner und potenzielle Mitarbeiter. Kunden sollen vom Unternehmen und den Produkten oder Dienstleistungen überzeugt werden, Geschäftspartner von einer guten Grundlage für eine Zusammenarbeit. Potenzielle Mitarbeiter bekommen eine Vorstellung von den Unternehmenswerten und können sie mit den eigenen Werten abgleichen.

3

Zum Leitbild gehört ein Motto oder Slogan. Eine Aussage, die Kunden oder potenziellen Mitarbeitern die Leistungen oder das Selbstverständnis verdeutlicht. Es repräsentiert eine Mission und Vision. Eine Aussage, die an die Kunden und Mitarbeiter gerichtet ist, und die verdeutlicht, wofür das Unternehmen steht. Die Einzigartigkeit des Unternehmens steht im Vordergrund. Die Werte und Grundsätze des Leitbilds sagen etwas über den Umgang der Mitarbeiter untereinander aus.

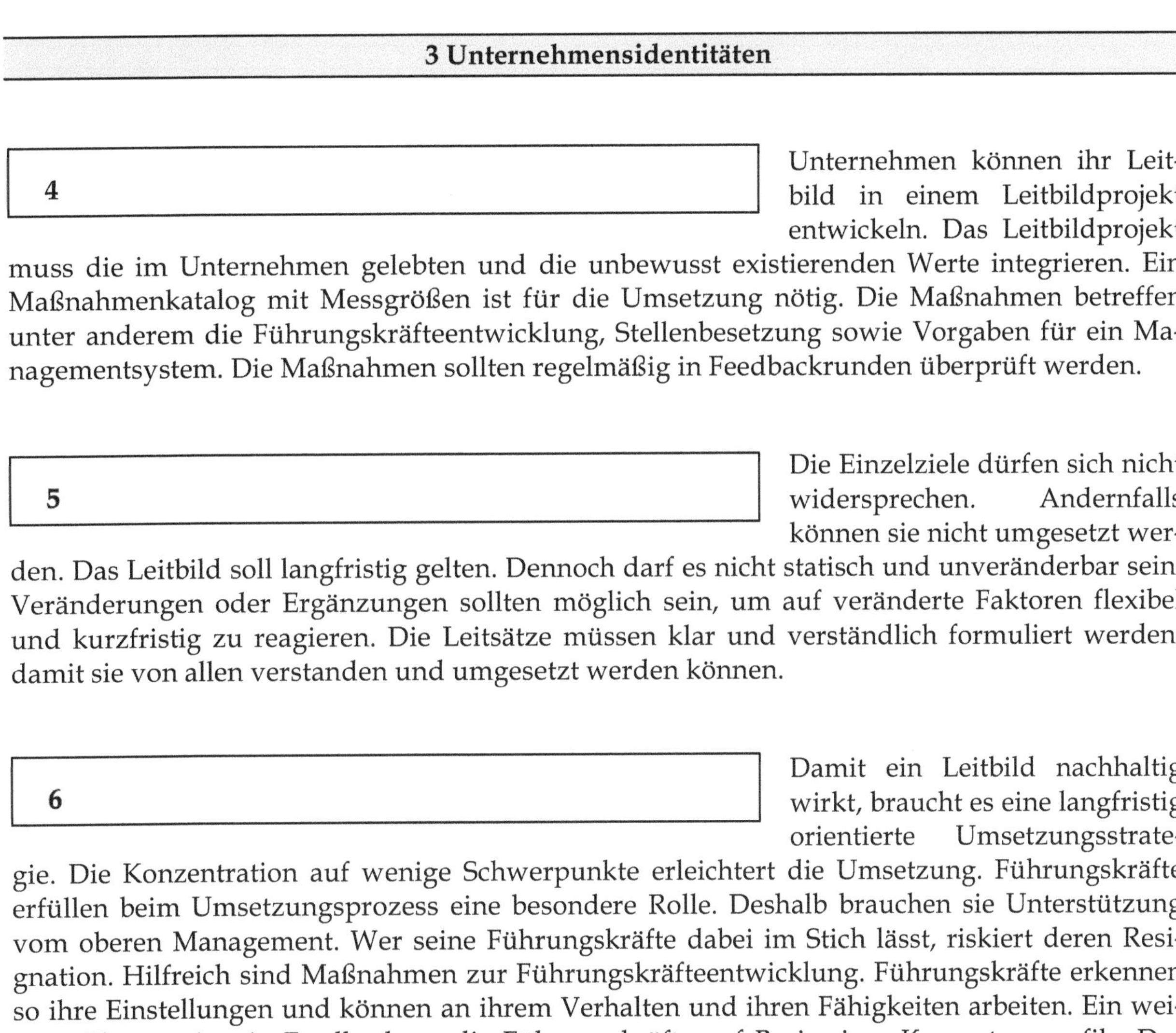

4

Unternehmen können ihr Leitbild in einem Leitbildprojekt entwickeln. Das Leitbildprojekt muss die im Unternehmen gelebten und die unbewusst existierenden Werte integrieren. Ein Maßnahmenkatalog mit Messgrößen ist für die Umsetzung nötig. Die Maßnahmen betreffen unter anderem die Führungskräfteentwicklung, Stellenbesetzung sowie Vorgaben für ein Managementsystem. Die Maßnahmen sollten regelmäßig in Feedbackrunden überprüft werden.

5

Die Einzelziele dürfen sich nicht widersprechen. Andernfalls können sie nicht umgesetzt werden. Das Leitbild soll langfristig gelten. Dennoch darf es nicht statisch und unveränderbar sein. Veränderungen oder Ergänzungen sollten möglich sein, um auf veränderte Faktoren flexibel und kurzfristig zu reagieren. Die Leitsätze müssen klar und verständlich formuliert werden, damit sie von allen verstanden und umgesetzt werden können.

6

Damit ein Leitbild nachhaltig wirkt, braucht es eine langfristig orientierte Umsetzungsstrategie. Die Konzentration auf wenige Schwerpunkte erleichtert die Umsetzung. Führungskräfte erfüllen beim Umsetzungsprozess eine besondere Rolle. Deshalb brauchen sie Unterstützung vom oberen Management. Wer seine Führungskräfte dabei im Stich lässt, riskiert deren Resignation. Hilfreich sind Maßnahmen zur Führungskräfteentwicklung. Führungskräfte erkennen so ihre Einstellungen und können an ihrem Verhalten und ihren Fähigkeiten arbeiten. Ein weiteres Element ist ein Feedback an die Führungskräfte auf Basis eines Kompetenzprofils. Das Kompetenzprofil gleicht die formulierten Grundsätze und Anforderungen mit dem beobachtbaren Verhalten ab. Werte und Grundsätze können in Instrumente wie Anreizsysteme, Zielvereinbarungen und Auswahlverfahren integriert werden. So kann das Verhalten, das der gewünschten Kultur entspricht, belohnt und abweichendes Verhalten sanktioniert werden.

7

Bei einem Unternehmen kommt es darauf an, ob und wie es seine Versprechen im Unternehmensleitbild einhält. Deshalb muss ein erfolgreiches Leitbildprojekt Veränderungen hinsichtlich des eingeführten Leitbilds bewirken. Zum Beispiel eine positive Veränderung der Unternehmenskultur, ein anderer Umgang mit Lieferanten und Kunden oder eine neue Marktstrategie. Befragungen von Mitarbeitern und Kunden sind ein Hilfsmittel, um den Erfolg von Leitbildern zu messen: Meinen die Mitarbeiter, dass sich das Unternehmen, die Führungskräfte und Kollegen in ihrem täglichen Handeln am Unternehmensleitbild orientieren? Und inwieweit decken sich die Erfahrungen der Kunden mit dem Unternehmen mit dem beschriebenen Leitbild?

Aufgabe 9

In dem Raster stehen die einzelnen Schritte des Ablaufs eines Leitbildprojektes. Bringen Sie sie in die richtige Reihenfolge. Tragen Sie die Nummern der Schritte ins Raster ein.

Nummer des Schrittes	Beschreibung
	Ist-Analyse: Welche Werte und Regeln werden im Unternehmen gelebt? Zum Beispiel: Wie ist die Qualität in den Bereichen Projektarbeit, Strategieentwicklung und Kundenumgang?
	Leitbild bekannt machen: Alle Beteiligten wie Kunden und Geschäftspartner müssen informiert werden. Maßnahmen sind: Broschüren anfertigen, Mitarbeiterschulungen durchführen, mit Mitarbeitern und Kunden über das Leitbild sprechen.
	Mitwirkende für das Leitbildprojekt auswählen und ein Projektteam zusammenstellen: Wer kann wertvolle Beiträge liefern, wer ist Meinungsführer und Multiplikator im Unternehmen? Mitarbeiter aller Hierarchiestufen sollten bei der Auswahl berücksichtigt werden.
	Unternehmensleitbild entwickeln: Unternehmenszweck, Ziele, Mission und Werte werden formuliert und daraus das Unternehmensleitbild abgeleitet.
	Bewertung der Ist-Analyse: Können die bestehenden Werte in das Leitbild übernommen werden? Sollten sie geändert werden? Wie sähe das ideale Unternehmen aus?
	Umsetzung der im Leitbild festgehaltenen Leitlinien: Dazu muss das Leitbild kommuniziert werden, beispielsweise bei Betriebsversammlungen oder in Schulungen. Führungskräften kommt dabei eine besondere Rolle zuteil. Sie leben das Leitbild vor.

Aufgabe 10

Lesen Sie den folgenden Text und beschreiben Sie die eigentliche Aufgabe der Unternehmensphilosophie.

Unternehmensphilosophie

Auch Unternehmensleitbild genannt, ist ein Instrument der unternehmenspolitischen Rahmenplanung, das Unternehmensgrundsätze und -politik in ausdrücklicher Weise formuliert. Sie kann dabei primär nach innen oder nach außen gerichtet sein, rational oder emotional ansprechen wollen. Aus der Unternehmensphilosophie erwächst die Unternehmenskultur. Eine nach außen gerichtete Unternehmensphilosophie erfüllt weitgehend Public Relations-Funktionen. Eine nach innen gerichtete Unternehmensphilosophie kann bei rationaler Ansprache ein langfristig orientiertes und entwicklungsfähiges Konzept für die Unternehmenspolitik darstellen, das für die Mitarbeiter folgende Funktionen erfüllen soll:

- Orientierungsfunktion – in ausdrücklicher Form wird die Soll-Identität des Unternehmens zum Ausdruck gebracht.
- Motivationsfunktion – die Identifikation der Mitarbeiter mit dem Unternehmen wird verstärkt über die Formulierung einer konsensfähigen Zielvorstellung.
- Legitimationsfunktion – die verschiedenen Interessenten werden über die handlungsleitenden Grundsätze aufgeklärt und diese zugleich begründet.

Aufgabe 11

Beschreiben Sie das folgende Schema. Welche Aspekte aus dem vorigen Text kann man in diesem Schema wiederfinden?

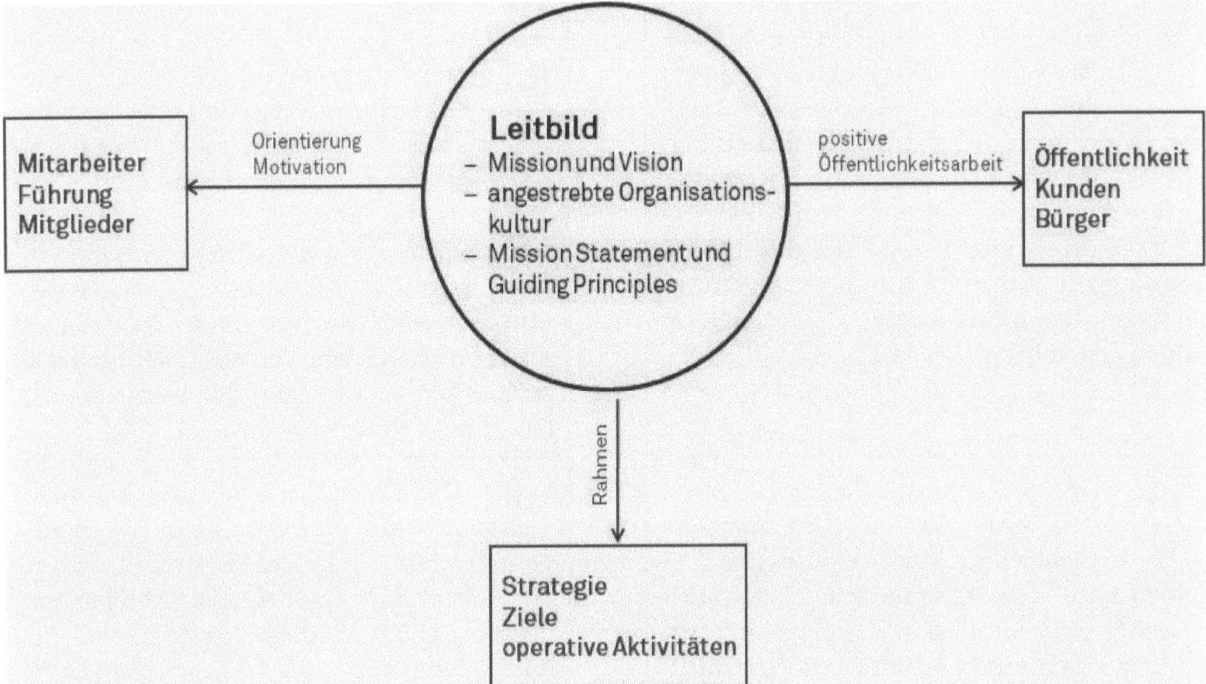

Aufgabe 12

Das Motto für die Unternehmensphilosophie der Firma Bosch lautet: „Nur wer klare Werte hat, kann die Zukunft gestalten." Lesen Sie die kurzen Texte, wie Bosch seine Philosophie in die Praxis umsetzt. Verbinden Sie die Ideen 1 bis 7 mit den passenden Ergebnissen A bis G.

Idee	Ergebnis
1 Wir entwickeln und verbessern seit über 30 Jahren aktive Fahrsicherheitssysteme, z. B. ABS, eine Entwicklung, die der Markt sehr skeptisch angenommen hat, die heute aber weltweit dazu beiträgt, Unfälle zu vermeiden und Leben zu retten.	**A** Tag für Tag arbeiten wir an Ideen für die Zukunft. Mit Erfolg: Geht man von acht Arbeitsstunden pro Arbeitstag aus, machen unsere Mitarbeiter fast jede halbe Stunde eine neue Erfindung. Wenn man von 250 Arbeitstagen im Jahr ausgeht, entspricht dies durchschnittlich 20 Patenten pro Arbeitstag. Allein 2013 meldete Bosch rund 5.000 Patente an.
2 Mannigfaltigkeit bringt unser Unternehmen voran und ist ein entscheidender Schlüssel zum langfristigen wirtschaftlichen Erfolg. Denn zahlreiche Studien zeigen, mehr Diversität im Unternehmen führt zu mehr Innovationen, besserer Problemlösungsfähigkeit und größerer Kreativität.	**B** Mit einer telemedizinischen Betreuung kann die Lebensqualität und die Lebenserwartung von chronisch Kranken deutlich verbessert werden. Der Nutzen der Bosch Telemedizin Plus Lösung wurde bereits in vielfachen internationalen Studien nachgewiesen und beweist sich im praktischen Alltag täglich aufs Neue bei den Tausenden mit Telemedizin betreuten Patienten.
3 Als echter Global Player benötigt Bosch Führungskräfte, die nicht nur fachlich Top sind, sondern auch täglich Leistungsbereitschaft beweisen. Darüber hinaus bedarf es großer Flexibilität, Kreativität und interkultureller Offenheit. Attribute durch die Bosch zu einer der erfolgreichsten Weltmarken geworden ist.	**C** Innovationspakete bestehend aus Start-Stopp-Funktion und weiteren technischen Neuerungen ermöglichen uns beim Kraftstoffverbrauch und CO2-Ausstoß ein Einsparpotential von rund 30 % – in Kombinationen mit einem Hybrid-Antrieb sogar von 40 %. Noch sauberer sind unsere Antriebssysteme für rein batteriebetriebene Elektrofahrzeuge: Sie stoßen bei der Fahrt überhaupt kein CO2 mehr aus.
4 Unsere Technik soll das Leben so angenehm wie möglich machen. Und gleichzeitig eine zuverlässige Lebenshilfe sowie praktische Unterstützung sein. Um diesem Anspruch gerecht zu werden, entwickeln wir fortschrittliche Technologie, bei der immer der Mensch im Vordergrund steht.	**D** Die anfängliche Skepsis hat uns nicht davon abgehalten, die Innovationen dem Bereich Sicherheit weiter zu treiben und zur Erfolgsgeschichte zu machen. Heute ist dieses System aus Automobilen nicht mehr wegzudenken und in 36 Ländern der Welt künftig gesetzlich sogar vorgeschrieben.

5 Unsere Messfühler enthalten mechanische Funktionselemente wie Federn, Gewichte oder Membranen in tausendstel Millimeter feinen Strukturen aus Silizium. Damit messen sie physikalische Größen wie Druck, Beschleunigung, Drehrate, Durchflussmenge oder Gaszusammensetzung ebenso genau wie zuverlässig.

6 Wir setzen auf den Erfindergeist unserer Mitarbeiter. So entstehen kontinuierlich neue Ideen, die bestehende Produkte noch leistungsfähiger, komfortabler, sicherer und umweltfreundlicher machen, aber auch ganz neue Geschäftsfelder erschließen.

7 Eine unserer großen Herausforderungen ist es, umweltschonende Lösungen für die Mobilität zu entwikkeln, die nicht nur heute, sondern auch morgen funktionieren. Hierbei ist neben dem Aspekt des Klimaschutzes die Endlichkeit fossiler Energieträger eine der Kernaufgaben unserer Forschung.

E In 24 Monaten lernen unsere Trainees Verantwortung zu übernehmen und ihre persönlichen Stärken gezielt weiter auszubauen. Allein 2013 wurden weltweit über 200 neue Trainees eingestellt – Tendenz steigend. Die Aussichten nach erfolgreichem Abschluss sind vielversprechend: Jedes dritte Mitglied unserer Geschäftsführung fing als Trainee bei Bosch an.

F Dank unserer Bewegungssensoren werden zahlreiche Vorgänge in unserem täglichen Umgang mit Technik einfacher, intuitiver und schneller. So ist es nicht verwunderlich, dass mittlerweile in jedem 2. Smartphone weltweit Sensoren von Bosch stecken. Diese erkennen unter anderem Höhenunterschiede von weniger als 1 Meter und Neigungswinkel von weniger als 1 Grad.

G Schon heute arbeiten weltweit über 150 verschiedene Nationen an rund 350 Standorten für Bosch. Allein in Deutschland sind aktuell 111 Nationen anzutreffen. Damit wir diese bunte Mischung auch in punkto Geschlecht erreichen, möchten wir mehr Frauen für eine Karriere bei Bosch gewinnen. Bis 2020 soll der Anteil an weiblichen Führungskräften weltweit auf 20 % ansteigen.

Aufgabe 13

Die Philosophie des Unternehmens Bosch lässt sich verkürzt auch als System von 7 Werten definieren. Ordnen Sie jedem Wert die einschlägige Idee und das entsprechende Ergebnis aus der Aufgabe 12 zu und begründen Sie Ihre Zuordnung.

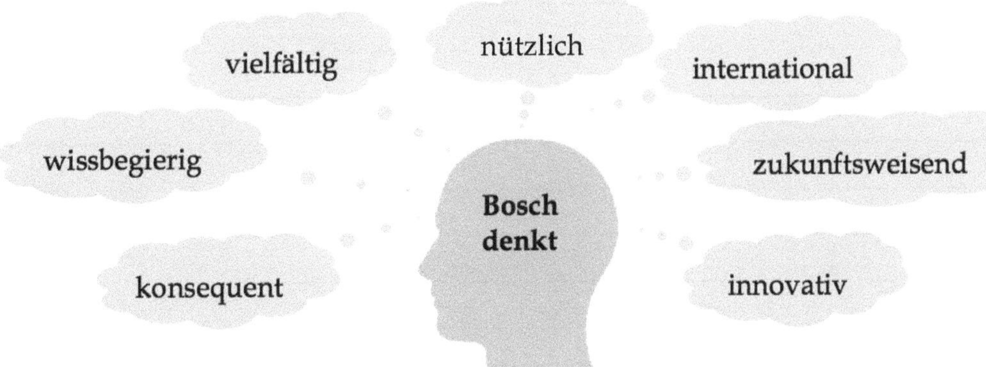

Notizen und Vokabeln

4 Unternehmensführung

Aufgabe 1

Arbeiten Sie in Kleingruppen. Jede Gruppe soll Ideen für ein eigenes Unternehmen finden und einen knappen Entwurf für das Leitbild und die Philosophie des Unternehmens vorbereiten. Erstellen Sie ein kurzes, fachlich und terminologisch präzise formuliertes Dokument, das die Ideen des Unternehmensleitbilds zusammenfasst.

Wenden Sie auch die Kenntnisse der vorigen Lektion an. Arbeiten Sie z. B. nach den Schritten des Leitbildprojektes (Seite 28, Aufgabe 9).

Aufgabe 2

Diskutieren Sie im Plenum über die Eigenschaften eines Managers. Welche finden Sie mehr und welche weniger wichtig? Argumentieren Sie.

Aufgabe 3

Jeder Manager braucht für die Wahrnehmung seiner Aufgaben mehrere Kompetenzen. Was stellen Sie sich unter folgenden Kompetenzen vor?

a) Sozialkompetenz
b) Selbstkompetenz
c) Führungskompetenz
d) Fachkompetenz
e) Methodenkompetenz

Aufgabe 4

Ordnen Sie den einzelnen Kompetenzen aus der Aufgabe 3 die richtigen Definitionen zu.

1

Fähigkeit, den Betrieb oder die Abteilung den aktuellen, relevanten Erfordernissen und Vorgaben entsprechend erfolgreich zu lenken, zu gestalten und weiter zu entwickeln.

2

Fähigkeit, tragfähige Beziehungen zu Mitarbeitenden, Kundschaft und der Bevölkerung aufzubauen, zu pflegen und weiter zu entwickeln.

3

Fähigkeit, seine eigene Person zu steuern (reflektieren, hinterfragen, weiterentwickeln) sowie selbstverantwortlich, kreativ und effektiv einen Beitrag zur Aufgabenerfüllung der Organisation zu leisten.

4

Wissen aus einem Sachgebiet und Erfahrungen, um berufstypische Aufgaben und Sachverhalte den Anforderungen gemäß selbstständig und eigenverantwortlich zu bewältigen.

5

Situations- und fachübergreifende, flexibel einsetzbare Methoden-, Verfahrens- und Prozesskenntnisse zur Lösung der Aufgaben und zur Zielerreichung.

Aufgabe 5

Arbeiten Sie mit einem Partner/einer Partnerin. Ordnen Sie die folgenden Fähigkeiten den einzelnen Kompetenzen zu. Erklären Sie auch kurz, was Sie unter der jeweiligen Fähigkeit verstehen und wie die Fähigkeit mit der entsprechenden Kompetenz zusammenhängt. Sie können die Fähigkeiten in die Grafik in der Aufgabe 4 eintragen.

Belastbarkeit	betriebswirtschaftliches Wissen	Delegationsfähigkeit
Durchsetzungsfähigkeit	Einfühlungsvermögen	Entscheidungsfähigkeit
Fachwissen	Flexibilität	Fordern und Fördern
Innovationsfähigkeit	Intuition	Konflikt- und Kritikfähigkeit
Kontaktfähigkeit	konzeptionelle Fähigkeiten	Kundenorientierung
Lernfähigkeit	Motivationsfähigkeit	Organisationsfähigkeit
Präsentationsfähigkeit	Problemlösungsfähigkeit	Reflexionsfähigkeit
Kooperationsfähigkeit	Umsetzungsfähigkeit	Ergebnisorientierung

Aufgabe 6

Lesen Sie den Text über Egon Overbeck, den Vorstandsvorsitzenden der Mannesmann AG. Finden Sie Beispiele für die einzelnen Kompetenzen und Fähigkeiten, die er bei seiner Arbeit einsetzen muss.

Zeit – das ist der zentrale Begriff des Manageralltags. Egon Overbeck arbeitet sehr zeitbewusst: Die Viertelstunden oder halben Stunden, die jeweils für Besprechungen vorgesehen sind, die einen großen Teil seiner Arbeitszeit ausmachen, werden im Allgemeinen genau eingehalten. Die kleinen Pausen zwischen den einzelnen Besprechungen nutzt er zum Durchlesen und Unterzeichnen der Unterschriftsmappen.

Die Art, wie er seine Post erledigt, ist bezeichnend für seinen Führungsstil. Er delegiert fast alles, sieht sich aber alles, was in seinem Namen und mit seiner Unterschrift versehen das Haus verlässt, vorher noch einmal genau an und scheut sich auch nicht, von einem Mitarbeiter eine zweite oder dritte Version eines Briefes zu fordern.

Nur Briefe an wichtige Bosse diktiert er selbst. Alles andere wird entweder zur Bearbeitung an die zuständigen Abteilungen des Hauses geschickt oder von der Direktionsabteilung erledigt. So erklärt sich, dass Overbeck für die Bearbeitung der Post manchmal nur zehn Minuten braucht.

Gleich nach der Ankunft im Büro – gegen acht Uhr, wenn bei Mannesmann generell die Arbeitszeit beginnt – liest Overbeck neben der eingegangenen Post wichtige Pressemeldungen, die man ihm auf den Tisch gelegt hat. Einen ausführlichen Pressespiegel mit Nachrichten, die für Mannesmann wichtig sind, erhält er ebenso wie die übrigen Vorstandsmitglieder gegen elf Uhr. Für das eigentliche Zeitunglesen bleibt nur Zeit während der morgendlichen Anfahrt zum Büro oder bei der Fahrt zu Sitzungen außerhalb – soweit er sich da nicht wiederum auf diese Besprechungen vorbereiten muss.

Einen eigenen Assistenten hat Overbeck nicht mehr. Diese Position wurde vor eineinhalb Jahren abgeschafft. Er arbeitet lieber, auch in der langfristigen Planung von Projekten, direkt mit den zuständigen Abteilungen seines Hauses zusammen. Er kommt auch mit einer Sekretärin aus. Sie führt seinen Terminkalender und ist überhaupt der Filter für alles, was an ihn herangetragen wird.

Seine engsten Mitarbeiter – das sind die Direktoren der Abteilungen, die ihm direkt unterstellt sind. Overbeck hat nämlich eine Doppelfunktion. Er steht einmal als Vorstandsvorsitzender gewissermaßen über allem und hat die Arbeit und die Projekte der verschiedenen Abteilungen zu koordinieren. Zum anderen ist er aber auch als ordentliches Vorstandsmitglied für verschiedene Bereiche ressortmäßig zuständig. Die wichtigsten der ihm direkt unterstellten Bereiche sind Investitionen und Leitendes Personal. Auch die Rechtsabteilung sowie die Abteilung Presse und Information gehören zu seinem Vorstandsressort.

Die Vorstandssitzung ist der Ort, wo die Unternehmenspolitik von Mannesmann formuliert wird. Sie findet alle vierzehn Tage statt. Bis zum Freitagnachmittag vorher sind von den Vorstandsmitgliedern die Themen anzugeben, die sie zu behandeln wünschen.

Die Tagesordnung hat immer folgenden Ablauf: Zunächst spricht Overbeck gegebenenfalls über besondere Dinge, die sich in der Zwischenzeit ereignet haben, etwa über einen wilden Streik in einem Werk oder über ein Gespräch mit dem Bundeswirtschaftsminister. Dann informiert das Mitglied des Vorstandes, das für Absatz und Beschaffung zuständig ist, seine Kollegen über die neuesten Daten zur Marktlage.

Nach der „allgemeinen Lage" geht man dann zur konkreten Tagesordnung über. 15 bis 20 Punkte stehen in der Regel auf dem Programm, im Extremfall über 40. Diskussionsbeiträge sind daher knapp zu fassen. Man erwartet, dass jeder zu jedem Punkt informiert ist.

„Führung in Gremien" – das ist ein zentrales Wort für Overbecks Führungsstil. Das wird auch deutlich, wenn man ihn bittet, Eigenschaften zu nennen, die seiner Ansicht nach für das Ausfüllen seiner Position notwendig sind. Er nennt sie in dieser Reihenfolge: Eine gewisse Basisintelligenz, Freude an der Arbeit, Fleiß, schnelle Auffassungsgabe, zuhören, abwägen und überzeugen können, die Fähigkeit, verschiedene Positionen zusammenzuführen und das Gemeinsame herauszustellen, sowie der Mut, auch unpopuläre Entscheidungen zu treffen.

Etwas gehört noch dazu: technisches Verständnis. Overbeck bescheinigt sich selbst eine „platonische Liebe zur Technik", ein großes, wenn natürlich auch laienhaftes Interesse an technischen Fragen.

Solche Fähigkeiten muss Overbeck auch außerhalb des eigenen Vorstandes unter Beweis stellen. Er ist auch Aufsichtsratsvorsitzender der Mannesmann-Röhrenwerke AG, Mitglied des Aufsichtsrates von Hoechst, der Allianz, von Siemens, der Ruhrkohle, der Ruhrchemie sowie Mitglied des Beraterkreises der Deutschen Bank. Zudem ist er Vorsitzender der Wirtschaftsvereinigung Eisen und Stahl und Mitglied des Präsidiums des Bundesverbands der Deutschen Industrie. Diese Aktivitäten „außer Haus" beanspruchen nach seinen Angaben rund ein Viertel seiner Arbeitskraft.

Aufgabe 7

Der Text aus der Aufgabe 6 stammt – auch wenn es überraschend klingen mag – aus den 70er Jahren des 20. Jahrhunderts. Äußern Sie sich deshalb zur Aktualität des Textes.
Was könnte den heutigen Manager von Herrn Overbeck unterscheiden? Finden Sie ggf. in den Zeitungen oder im Internet ein Interview mit einem gegenwärtigen Manager, um besser vergleichen zu können.

Aufgabe 8

Finden Sie im Text aus der Aufgabe 6 gleichbedeutende Äquivalente zu folgenden Wörtern und Wortverbindungen. Zur Hilfe sind die Ausdrücke in der Chronologie des Vorkommens im Text gereiht, einige Ausdrücke finden Sie auch an mehreren Stellen.

	Äquivalent (Synonym) aus dem Text
Sitzungen	
Akten zum Unterschreiben	
Leitungsstil	
unterschreiben	
verlangen	
Übersicht der Zeitungsmeldungen	
Arbeitsstelle streichen	
untergeordnet	
für einen Fachbereich verantwortlich	
Anlagen	
Themen besprechen	
Betrieb	
Einkauf und Verkauf	
Situation auf dem Markt	
Wahrnehmung eines Postens	
entscheiden	
beweisen	
in Anspruch nehmen	

Aufgabe 9

Finden Sie Beispiele für Stellenanzeigen aus dem deutschsprachigen Raum, wo nach Führungskräften und Leitungspositionen gesucht wird. Analysieren Sie den Wortschatz und die Sprache dieser Textsorte. Welche Kompetenzen werden aktuell gefragt? Sie können auch Anzeigen aus unterschiedlichen Branchen vergleichen.

Aufgabe 10

Lesen Sie die folgenden Internetanzeigen oder finden Sie Angebote für Führungspositionen in Ihrer Muttersprache. Fassen Sie die Arbeitsaufgaben und Forderungen an den Bewerber auf Deutsch zusammen. Über welche Eigenschaften soll der Mitarbeiter verfügen? Es soll um freie Nacherzählung des Gelesenen gehen, achten Sie jedoch auf die Verwendung von Fachbegriffen.

TEAM LEADER OF ACCOUNTING TEAM (SPANISH OR FRENCH LANGUAGE)

Náplň práce, informácie o pracovnom mieste:
Pre nášho klienta, veľkú medzinárodnú spoločnosť zaoberajúcu sa finančnými službami hľadáme vhodného uchádzača na pozíciu MANAGER OF TECHNICAL ACCOUNTING.

Vašou úlohou bude:
- Koordinovať a riadiť 10 až 15 účtovníkov,
- Zodpovedať za výber a zaškolenie nových zamestnancov
- Vytvárať pre svoj tím profesionálne a motivujúce pracovné prostredie
- Spolupracovať s ostatnými tímami a pomáhať budovať dobré meno spoločnosti

Ďalšie požiadavky na uchádzača:

- VŠ vzdelanie ekonomického zamerania
- Min. 3 roky praxe vo financiách: účtovníctvo, reporting, controlling
- Predchádzajúce skúsenosti na riadiacej pozícii sú podmienkou
- Aktívna znalosť španielskeho a anglického jazyka
- Prehľad v účtovných a controllingových procesoch spoločnosti
- Výborné komunikačné a organizačné schopnosti
- Výnimočné manažérske skúsenosti
- Zodpovednosť, rozhodnosť a samostatnosť
- Flexibilita pri riešení vzniknutých problémov

OBCHODNÝ MANAŽÉR - REPREZENTANT

Náplň práce, informácie o pracovnom mieste:
Aktívne vyhľadávanie a nadväzovanie kontaktov s novými klientmi v odbore Predstavenie produktov, získavanie a vypracovanie podkladov k predloženiu kalkulácií, uzatváranie zmlúv a dohôd, konzultácie so zákazníkmi na základe vopred pripravených termínov. Aktívne vyhľadávanie nových obchodných partnerov, priebežné monitorovanie trhu vo zverenom regióne, reporty vedeniu spoločnosti Aktívna účasť na vyjednávaní obchodných podmienok, komunikácia a udržiavanie vzťahov so zákazníkmi. Hodnotenie odberateľov (rating).

Ďalšie požiadavky na uchádzača:

Veľmi dobré prezentačné a vyjednávacie zručnosti.
Proaktívny, iniciatívny prístup k práci.
Flexibilita a samostatnosť.

IT MANAGER

Náplň práce, informácie o pracovnom mieste:
- Manažment oddelenia technickej podpory
- Riadenie styku s externým dodávateľmi
- Zodpovednosť za výber a nákup počítačov a techniky
- Vyjednávanie obchodných podmienok
- Spolupodieľanie sa na plánovaní IT stratégie
- Vypracovanie pracovných návodov a postupov
- Spolupráca so zahraničnými pobočkami
- Optimalizácia toku dát medzi jednotlivými pracoviskami
- Manažovanie základnej administrácie serverov
- Dohľad nad technickou podporou (inštalácia IT zariadení, zálohovanie dát a pod.)
- Riadenie, koordinácia a kontrola výsledkov práce zvereného útvaru
- Zodpovednosť za nákup a výber informačných technológií.

Ďalšie požiadavky na uchádzača:
- Skúsenosti s manažovaním databáz
- Výborné komunikačné zručnosti, schopnosť vyjednávať
- Výborné organizačné schopnosti
- Orientácia na cieľ
- Znalosti: LAN/VAN, administrácia serverov Linux, Windows
- Kreativita, tvorivý prístup ku riešeniu problémov
- Schopnosť samostatného rozhodovania
- Schopnosť efektívne odovzdávať informácie
- Pozitívna motivácia, drive

REGIONÁLNY RIADITEĽ POISŤOVNE

Náplň práce, právomoci a zodpovednosti
- Manažovanie výkonnosti obchodníkov a manažérov paralelnej siete v regióne
- Zodpovednosť za plnenie obchodného plánu
- Budovanie externej siete poradcov, motivácia, kaučovanie
- Monitorovanie a hodnotenie plnenia stanovených cieľov
- Vykonávanie analýz obchodného potenciálu trhu, vyhľadávanie príležitostí
- Pravidelný reporting

Osobnostné predpoklady a zručnosti
- Manažérske zručnosti
- Skúsenosť na riadiacej pozícii a s vedením tímu min. 3 roky
- Niekoľkoročná prax v oblasti poisťovníctva alebo obchodu nevyhnutná
- Skúsenosti s predajom alebo riadením tímu predajcov sú výhodou
- Proaktívny, dynamický, flexibilný

Aufgabe 11

Wie unterscheiden sich die Begriffe Manager und Management? Schlagen Sie mit Ihrem Partner/Ihrer Partnerin eine Definition für beide Begriffe vor. Vergleichen Sie die Definitionen im Plenum.

Aufgabe 12

Lesen Sie den folgenden Text. Welche Aspekte und Begriffe aus Ihren Definitionen kann man in dem Text wiedererkennen?

Die Begriffe Management und Manager haben sich aus dem amerikanischen Sprachgebrauch kommend über die Betriebswirtschaft in Deutschland eingebürgert, um Leitungsfunktionen und ihre Träger in Unternehmen und Organisationen zu bezeichnen. Die Wurzeln liegen jedoch im Lateinischen: „manum agere" heißt „an der Hand führen". Bei der Definition von Management ist zwischen der Funktion und der Institution bzw. ihren Mitgliedern zu unterscheiden.

In funktionaler Hinsicht umfasst das Management die Gesamtheit der Tätigkeiten zur Führung oder Verwaltung von Organisationen, insbesondere eine Tätigkeit in der Unternehmensführung und den nachfolgenden Leitungsebenen. Daneben wird der Begriff aber auch für sehr spezifische Leitungtätigkeiten innerhalb eines Unternehmens gebraucht, um die Steuerung für einen Vorgang oder Prozess zu beschreiben. Ein solcher Prozess muss beeinflussbar sein; er wird durch die Definition von Anfangs- und (gewünschtem) Endzustand charakterisiert. In Abhängigkeit von der Vielfalt möglicher Prozesse, die es zu steuern gilt, hat sich eine Vielzahl an Managementbegriffen herausgebildet. Beispiele hierfür sind das Projektmanagement, Beschaffungs-, Wissens-, Innovations-, Zeit-, Materialfluss- oder Konfigurationsmanagement.

In institutioneller Hinsicht bezeichnet der Begriff die Personengruppe mit vorwiegend organisatorischer oder leitender Tätigkeit im Unternehmen, die Manager. Als Manager werden die Mitglieder der Führungsebene eines Unternehmens bezeichnet, allerdings üblicherweise nicht der an der Spitze eines eigentümergeführten Unternehmens stehenden Unternehmer selbst. Umstritten ist, wie weit in der Unternehmenshierarchie der Kreis zu ziehen ist, wenn man von Manager bzw. Management spricht: Von seiner ursprünglichen Wortbedeutung her umfasst das Management alle Personen mit leitenden Aufgaben im Unternehmen vom Vorstand oder Geschäftsführer bis zum leitenden Angestellten oder Meister, doch werden meist nur die Mitglieder der oberen Führungsebene neben der Unternehmensleitung selbst als Manager bezeichnet.

Aufgabe 13

Erklären Sie mit Hilfe von den einschlägigen Fachbegriffen den Unterschied zwischen Management als Funktion und Management als Institution.

Aufgabe 14

Sammeln Sie in Kleingruppen zuerst Ihre eigenen Ideen und dann Informationen (z. B. aus dem Internet) zu einem der unterschiedlichen Managementtypen. Was sind die spezifischen Ziele und Aufgaben bei dem jeweiligen Managementtyp? Präsentieren Sie Ihre Ergebnisse im Plenum.

Projektmanagement ❖ Beschaffungsmanagement ❖ Wissensmanagement ❖ Zeitmanagement
Innovationsmanagement ❖ Materialflussmanagement ❖ Konfigurationsmanagement

Chef ist nicht gleich Chef. Der eine kann Abläufe perfekt planen, organisieren und kontrollieren, der andere schafft es durch scheinbar schieres Charisma, die unterschiedlichsten Persönlichkeiten eines Teams zusammenzuschweißen. Der eine ist Manager, der andere ein Leader und ein Anderer vielleicht auch nur ein erfahrener Experte. Die Unterscheidung zwischen Managern und Führern, oder Leadern, hat sich in der Businesswelt in den letzten Jahren zunehmend durchgesetzt und verfestigt. Während es durchaus gefühlte Unterschiede zwischen den beiden Begriffen zu geben scheint, ist es nicht ganz einfach, diese klar zu umreißen und zu definieren. Während der Manager Abläufe verwaltet und betreut, ist der Leader derjenige, der die Richtung und den Rahmen für eben jene Abläufe vorgibt. Während der Manager effizient ist und das Tagesgeschäft abwickelt, ist der Leader effektiv, visionär und führt Menschen bzw. baut diese auf. Der Manager plant und kontrolliert, der Leader inspiriert und kreiert. Der Charakter des Managers zeichnet sich aus durch das entsprechende Know-how, Methodik und Sorgfalt, der des Leaders durch Leidenschaft, Mut und Flair. Der Leader ist maßgeblich an der Entwicklung und Pflege der Unternehmenskultur beteiligt. Den einen kennzeichnet die wissenschaftliche Herangehensweise, den anderen das Talent und die Fähigkeit andere mitzureißen. Ist der Begriff „Manager" häufig Teil einer Tätigkeitsbezeichnung, so ist der Begriff „Leader" eine besondere Zusatzfähigkeit, eine Art Persönlichkeitszug. Der Manager kümmert sich um die normalen Abläufe des Tagesgeschäftes: Sicherstellen, dass Budgets eingehalten und Leistungen korrekt in Rechnung gestellt werden, die Maschinenwartung regeln und sich mit Mitarbeitern auseinandersetzen, die ihre Aufgaben eventuell nur unzureichend erfüllen. Der Erfolg eines jeden Unternehmens basiert jedoch nach wie vor auf Durchführung, Kontrolle und Disziplin, Systematik, Prozessen und Kontinuität. Der Unterschied zwischen Leader und Manager besteht auch im Führungsstil: Der Leader hat erkannt, dass hervorragende Ergebnisse am nachhaltigsten erreicht werden, wenn die Mitarbeiter emotional eingebunden sind. Diese Art der Einbindung lässt sich erlernen, denn ihre Grundvoraussetzung ist nicht das in die Wiege gelegte Charisma, sondern das Einsetzen der Emotion des Führenden selbst.

Manager	Führer / Leader

Aufgabe 16

Lesen sie die folgenden Texte zum Thema „Führungsstile". Fassen Sie die Vor- und Nachteile der einzelnen Führungsstile zusammen.

Autoritärer Führungsstil zeichnet sich dadurch aus, dass die Führungskraft das Zepter allein in der Hand hat. Mit dem Führungsgedanken, dass alle Fäden an einem Punkt zusammenlaufen, leitet und delegiert hier eine Person alle anderen nach dem Top-Down-Prinzip. Er gibt dem Führenden uneingeschränkte Machtfülle und verpflichtet den Untergebenen zu Gehorsam. Fehlleistungen werden bestraft. Der Führende fungiert als Autorität. Er hat dadurch Kontrolle über alle Vorgänge, kann schnell entscheiden und verändern. Gleichzeitig beschneidet er aber auch Motivation und den innovativen Einsatz seiner Untergebenen. Autoritärer Führungsstil bedeutet auch ein höheres Risiko bei Fehlentscheidungen, denn die Entscheidungsgewalt liegt ausschließlich in der Hand einer einzigen Person. Führungskräfte mit der Tendenz zu autoritärer Führung sind in der Regel fachlich äußerst kompetent und ehrgeizig im Erreichen der eigenen und der Unternehmensziele. Durch die dichte Kontrolle werden termingerechte Arbeitsergebnisse erzielt. Je nach Ausprägung des autoritären Führungsstils kann es bei den Mitarbeitern zu Motivationsverlust kommen. Die Erfolge werden letztlich einzig der starken Führung zugesprochen – und diese nimmt sie auch für sich in Anspruch. Während andererseits eventuelle Schwierigkeiten oder Misserfolge an mangelnder Kompetenz und Leistungsbereitschaft der Mitarbeiter festgemacht werden. Eine weitere Gefahr liegt darin, dass fehlender Austausch und Kreativität zu starren Arbeitsabläufen führt. Die Quantität der Arbeit wird bewältigt, während die Qualität stagniert, die Mitarbeiter „brennen aus". Im Extrem kann es auch zu Widerstand, Ablehnung, oder Trotzreaktionen gegen die autoritäre Führung kommen.

Kooperativer Führungsstil zeichnet sich im Wesentlichen dadurch aus, dass Führungskraft und Mitarbeiter sowohl in der Entwicklung von Ideen, als auch in der Umsetzung von Projekten eng zusammenarbeiten und sich in ihren Kompetenzen ergänzen. Verantwortlichkeiten und Aufgaben werden nach Konsensfindung aufgeteilt. Das Delegieren von Verantwortung und die Motivation seiner Mitarbeiter sind wichtige Bestandteile dieses auf Mitbestimmung ausgerichteten Führungsstils. Eigeninitiative wird gefördert, Kreativität freigesetzt. Durch die Verteilung der Verantwortung auf mehrere Personen und deren Kenntnis wichtiger Vorgänge wird der Ausfall eines Verantwortungsträgers besser bewältigt. Die Aufgabe der Führungskraft ist es, dafür zu sorgen, dass alle „an einem Strang" ziehen und möglichst schnell möglichst gute Ergebnisse erzielen. Durch die offene Kommunikation sind Verantwortungsbereitschaft und Leistungsbereitschaft sehr hoch. Es entsteht das Gefühl, dass alle "in einem Boot" sitzen. Außerdem können alle Beteiligten in allen Phasen am Erfolg aktiv mitwirken, dies schafft Motivation. Die Führungskraft wird durch die Übernahme von Verantwortlichkeiten entlastet und kann sich administrativen Aufgaben zuwenden. Manchmal kann die Konsensfindung in neu gebildeten Teams viel Zeit in Anspruch nehmen. Auch die Konkurrenz der Mitarbeiter untereinander kann zu Problemen führen.

Laissez-faire Führungsstil verzichtet weitgehend auf das Eingreifen des Vorgesetzten in die Arbeitsabläufe. Die Mitarbeiter sind keinen Regeln unterworfen, sie entscheiden eigenständig und kontrollieren sich sozusagen selbst innerhalb des Teams. Damit kann jedes Teammitglied sein Arbeitsumfeld nach seinen Vorlieben gestalten, was die Leistung des Einzelnen erheblich steigern kann. Eigenständiges Arbeiten wird gefördert. Ohne jegliches Feedback zur eigenen Arbeit nimmt die Motivation schnell ab. Dies führt häufig zum schleichenden Verlust von Eigeninitiative. Es wird nur das Nötigste gemacht, denn alles was darüber hinaus geht wird nicht „belohnt". Letztlich droht sogar das Burnout-Syndrom bei den Mitarbeitern.

Situativer Führungsstil entwickelte sich aus der Erkenntnis, dass alle Führungsstile Stärken und Schwächen aufweisen. Das Grundprinzip dieses Führungsstiles beruht auf der Annahme, dass jeder Mitarbeiter nach seinem Reifegrad geführt werden muss, um seine Potenziale für das Unternehmen freizusetzen. Die Führungskraft führt nicht unreflektiert mit dem ihr eigenen Stil, sondern sie passt ihren jeweiligen Führungsstil weitgehend an den Reifegrad des Mitarbeiters an. Ein situativer Führungsstil bedient sich also je nach Situation einzelner Elemente des kooperativen und/oder autoritären Führungsstils. So kann es durchaus möglich sein, dass ein Mitarbeiter, der in der Projektplanung ein Experte ist, auf diesem Gebiet von seinem Vorgesetzten völlig freie Hand bekommt. Bei einer anderen Aufgabe, die für ihn neu ist, wird er jedoch eine präzise Anleitung und Kontrolle erhalten. Der große Vorteil des situativen Führungsstils ist, dass die Fähigkeiten der Mitarbeiter je nach Anforderung umfassend genutzt und erweitert werden.

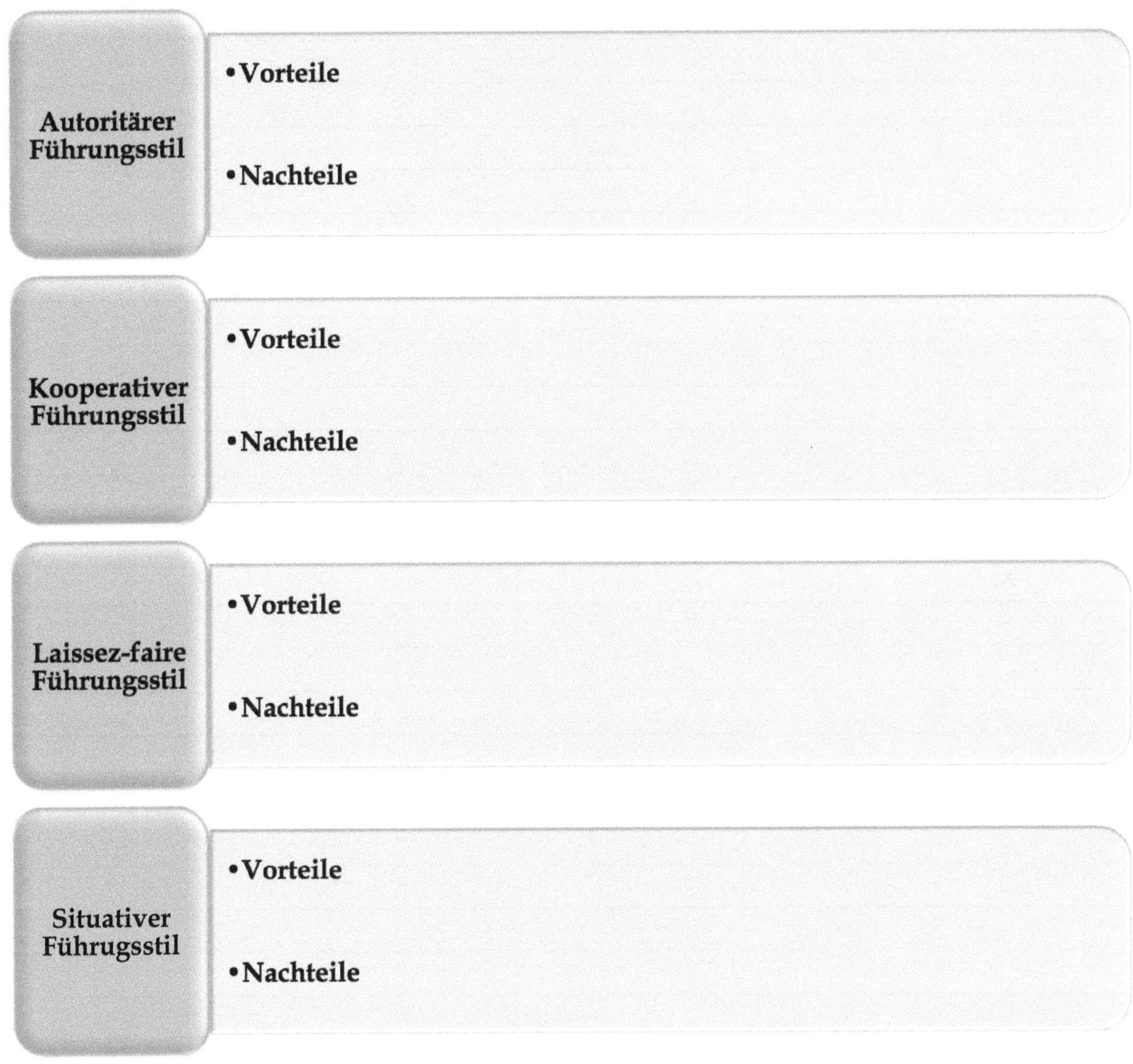

Aufgabe 17

Diskutieren Sie über die Vor- und Nachteile der unterschiedlichen Führungsstile. Finden Sie Beispiele für einige Führungsstile aus Ihrer eigenen Erfahrung (Studentenjob, eigene Eltern, Lehrer etc.)? Wie soll Ihrer Meinung nach ein idealer Führungsstil aussehen?

Notizen und Vokabeln

5 Struktur und Organisation des Unternehmens

Aufgabe 1

Sammeln Sie in Kleingruppen unterschiedlichste Bezeichnungen für Arbeitspositionen und Personen innerhalb einer Firma oder einer Institution.

Aufgabe 2

Lesen Sie den folgenden Text und ergänzen Sie in die unten stehende Grafik die grundlegenden Aspekte der Unternehmensstruktur.

Die Unternehmensstruktur kann aus zwei Blickwinkeln betrachtet werden: man kann sich der Struktur des Unternehmens über den Aufbau oder den Ablauf der Prozesse nähern.

Mit Blick auf die Aufbauorganisation umfasst die Unternehmensstruktur zunächst die rechtliche Struktur. Die Rechtsform hat finanzielle, steuerliche und rechtliche Auswirkungen auf die Geschäftätigkeit des Unternehmens. Bei den Rechtsformen von Unternehmen wird unterschieden zwischen Einzelunternehmen, Personengesellschaften und Kapitalgesellschaften.

Die Führungsstruktur ist der Ordnungsrahmen in dem sich die Mitglieder des Gründerteams und die Mitarbeiter des Unternehmens bewegen. Bei einem Einzelunternehmer ist die Struktur klar – er steht im Zentrum der Unternehmensstruktur, ist verantwortlich für alles und muss sich um alle Aufgaben selber kümmern. Doch schon bei 2 oder 3 Gründern oder Gesellschaftern entsteht oft eine Aufgabenteilung in der Unternehmensstruktur. Kommen Mitarbeiter hinzu, müssen Verantwortungen, Aufgaben, Hierarchie und Abläufe klar für die Struktur des Unternehmens definiert werden. Die Führungsstruktur kann je nach Unternehmen sehr unterschiedlich gestaltet sein – manche Unternehmen bevorzugen flache Hierarchien – andere wiederum zahlreiche und strenge Hierarchieebenen. Kleine Unternehmen sollten eine möglichst einfache Unternehmensstruktur haben, sodass Mitarbeiter möglichst flexibel in Ihrer Arbeit sind. Wichtig sind allerdings in der Unternehmensstruktur klar definierte Ansprechpartner und Vorgesetzte. Dies erleichtert die Kommunikation und stellt effiziente Abläufe sicher.

Sicherlich starten Unternehmen nicht direkt immer gleich mit verschiedenen Standorten. Aber bereits Büro, Produktion und Verkauf können durchaus schnell auf verschiedene Standorte verteilt sein. Somit bilden auch Standorte einen wesentlichen Teil der räumlichen Unternehmensstruktur. Je nachdem, wie groß das Unternehmen ist und was es macht, variiert die Bedeutung des Standorts für das Unternehmen. Daran muss dann natürlich auch die Standortplanung angepasst werden. Im Mittelpunkt der Standortanalyse und Standortplanung stehen die Kunden. Dies ist natürlich insbesondere bei Ladengeschäften, Verkaufsflächen, Veranstaltungsräumen oder Restaurants von großer Bedeutung. Wichtige Faktoren für die Standortplanung sind Lage, Erreichbarkeit und Verkehrsanbindung des Standorts, Nähe zu Lieferanten, Konkurrenz u. a. m.

Während das Thema Struktur des Unternehmens unter dem Begriff Aufbauorganisation zusammengefasst wird, werden die Prozesse unter dem Begriff Ablauforganisation gebündelt. Bei der Ablauforganisation geht es aber nicht nur um die Verbindung von Prozessen, sondern vor allem um die effiziente Organisation der Abläufe. Die betriebliche Leistungserstellung unterteilt sich grundlegend in die drei Stufen.

Der Aspekt Beschaffung und Einkauf als Teil der Ablauforganisation spielt vor allem bei der Frage der Kosten und der Qualität eine wichtige Rolle. So bestimmen die Beschaffungskosten oft einen wesentlichen Teil des Verkaufspreises und damit des Gewinns. Bei der Produktion und Fertigung geht es um die Fragen, welche Stufen der Herstellung des Produkts übernimmt das Unternehmen selbst, was muss im Bereich Produktion und Fertigung eingesetzt werden, werden Teile der Produktion und Fertigung gelagert oder an Drittanbieter geliefert usw. Der dritte Schritt für die betriebliche Leistungserstellung ist Verkauf und Vertrieb. Dies steht natürlich ganz besonders im Vordergrund der Ablauforganisation und für die betriebliche Leistungserstellung, denn erst hier zeigt sich, ob man auch Geld mit dem Angebot verdienen kann.

Neben den klassischen Elementen für die betriebliche Leistungserstellung wie Beschaffung und Einkauf oder Verkauf und Vertrieb fokussieren sich einige Unternehmen auch auf andere Faktoren: So betreiben manche Unternehmen umfangreiche Forschung und Entwicklung, um ihre Leistungen und Produkte zu verbessern. Oder sie konzentrieren sich vollständig auf die Forschung und Entwicklung und verkaufen ihre Erfindungen an Unternehmen weiter, die dann die Produktion und Fertigung sowie Verkauf und Vertrieb übernehmen.

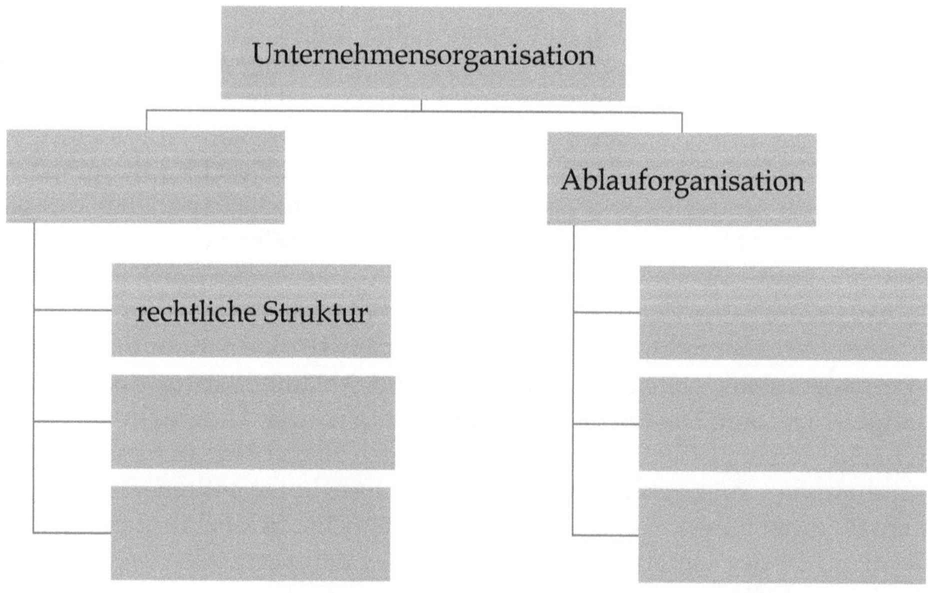

Aufgabe 3

Beschreiben Sie das Schema ausführlicher, wenden Sie die entsprechende Terminologie an. Erklären Sie bei jedem Punkt, warum er für die Organisation und Struktur eines Unternehmens notwendig ist.

Aufgabe 4

Erfinden Sie mit Ihrem Partner/Ihrer Partnerin zu jedem Aspekt der Unternehmensorganisation ein paar Fragen, die sich ein Unternehmensgründer bei der Planung der Unternehmensstruktur stellen soll. Präsentieren und vergleichen Sie die Fragen im Plenum.

Aufgabe 5

Finden Sie unter folgenden Wörtern acht Paare von Synonymen.

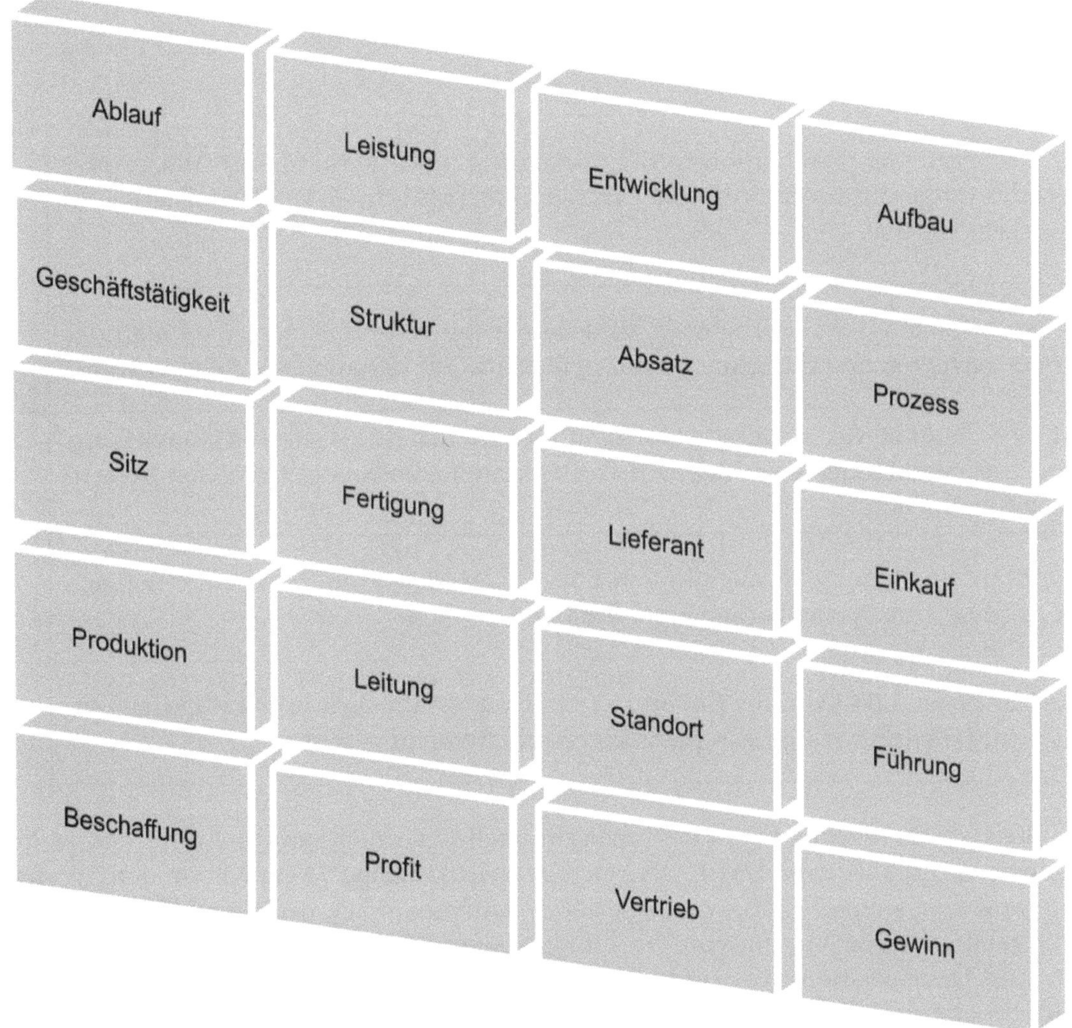

Aufgabe 6

Erklären Sie mit eigenen Worten die Bedeutung von folgenden Wörtern und Wortverbindungen. Helfen Sie sich eventuell mit dem Kontext des Textes auf der Seite 45.

- betriebliche Leistungserstellung
- Beschaffungskosten
- flache und starke Hierarchie
- steuerliche Auswirkungen
- Verkehrsanbindung des Standorts
- Drittanbieter
- Stufen der Herstellung
- Standortanalyse

Aufgabe 7

Lesen Sie 5 Aussagen und finden Sie im nachstehenden Text zum Thema „Organisation des Unternehmens und Aufgaben des Managements" die Textstellen, die mit der jeweiligen Aussage übereinstimmen. Tragen Sie die entsprechenden Zeilen ins Raster ein.

		Zeile
1	Das Besorgen der Produktionsmittel, Fertigung und Verkauf der Ware oder Dienstleistungen müssen von der Unternehmensführung synchronisiert und überwacht werden.	
2	Die Investitionen der Unternehmen sind immer teilweise unsicher, weil man das Kundenverhalten und die Situation auf dem Markt nie genau vorhersehen kann.	
3	Erst der Verkauf der Produkte verschafft Geld für die weitere Finanzierung, deshalb versucht jedes Unternehmen am Anfang kostenbewusst mit den Investitionen umzugehen.	
4	Sowohl in die Planung als auch in den Einsatz der Mittel muss das Unternehmen eine gewisse Unberechenbarkeit einkalkulieren.	
5	Zu mehr Flexibilität kann die Einteilung des Unternehmens in selbstständige Einheiten und die Übernahme von mehr Eigenverantwortung beitragen.	

Um die Unternehmensziele zu erreichen, müssen Unternehmen die Leistungserstellung angemessen organisieren. Dazu gehören eine zweckmäßige Organisation der Arbeitsabläufe und eine sinnvolle Abstimmung der Teilaufgaben. Die drei Grundfunktionen von Unternehmen – Beschaffung von Produktionsfaktoren, Produktion und Absatz von Gü-

5 tern und Dienstleistungen – sind alle zunächst auf eine Vorfinanzierung angewiesen, während erst der Absatz der Produkte im Anschluss einen Finanzierungsbeitrag leistet. Daraus ergibt sich schon das umfassende Interesse an einem sparsamen Einsatz der verfügbaren Ressourcen.
Diese Prozesse müssen durch das Management sowohl auf die Ziele des Unternehmens

10 hin geplant als auch aufeinander abgestimmt, gesteuert, koordiniert und kontrolliert

werden. Dabei sind die Aufgaben nach Zuständigkeiten und Verantwortlichkeiten zu ordnen und nach ihrem Ablauf zu gestalten. Wie in der Volkswirtschaft so bedürfen auch im Unternehmen die Arbeitsteilung und Spezialisierung der Koordination, damit nicht permanent neue Absprachen für regelmäßige Abläufe getroffen werden müssen.

15 Während in der Marktwirtschaft die Koordination von Angebot und Nachfrage vor allem durch die autonomen Entscheidungen der einzelnen Wirtschaftssubjekte auf den Märkten erfolgt, wird die Produktion im Unternehmen durch hierarchische Entscheidungen koordiniert.

Bei der Aufbauorganisation werden Teilaufgaben zusammengefasst und Kompetenzen
20 auf Personen übertragen. Die Kommunikationswege zwischen den Stellen sind zu klären und erforderliche Mittel zuzuteilen. Eine solche Aufbauorganisation kann funktional nach Beschaffung, Produktion, Absatz und kaufmännischer Verwaltung erfolgen oder divisional nach Sparten für die einzelnen Produktbereiche (etwa Margarine, Speiseöl). Die divisionale Organisation entlastet die Unternehmensführung durch klare Verantwor-
25 tungsbereiche mit höherer Autonomie, die schneller und problemorientierter auf Änderungen des Marktes reagieren können. Sie führt jedoch zu Mehraufwand in den Funktionsbereichen und einer tendenziell geringeren Identifikation mit dem Gesamtunternehmen. Die Ablauforganisation erfordert die Koordination der Aufgaben in einem Unternehmen nach ihrem zeitlichen und räumlichen Ablauf. Arbeitsabläufe müssen in eine
30 sinnvolle Reihenfolge gebracht und terminiert sowie hinsichtlich der Standorte koordiniert werden.

Unternehmerisches Entscheiden und Handeln ist mit erheblichen Risiken verbunden und kann kaum auf ein bloßes Kosten-Nutzen-Kalkül reduziert werden. So ist es ungewiss, ob die Produkte kaufkräftige und interessierte Nachfrage finden, ob die Konkur-
35 renten preisgünstigere und qualitativ bessere Produkte anbieten, wie sich die Preise für die Produktionsfaktoren entwickeln und ob sich der Einsatz der Mittel lohnt. Sowohl die Leistungserstellung als auch die Leistungsverwertung beinhalten vielfältige Möglichkeiten unternehmerischer Entscheidungen, deren Ergebnis kaum präzise vorhersehbar ist. Unternehmerisches Handeln verlangt also vor allem, Situationen einzuschätzen, Ziele zu
40 setzen, Ressourcen zu ihrer Realisierung unter Bedingungen der Unsicherheit bereitzustellen und die arbeitsteilige Erstellung von Produkten und Diensten zu koordinieren, wobei zur Durchsetzung auf dem Markt Überzeugungsgeschick sowohl hinsichtlich der Geldgeber, der Mitarbeiter als auch der Kunden erforderlich ist. Die Übernahme von Unsicherheit, die Durchsetzung von Innovationen am Markt und die Koordination von
45 Ressourcen sind die bedeutendsten Aufgaben von Unternehmern.

Aufgabe 8

Beantworten Sie folgende Fragen und Textaufgaben:

1 Warum und wie muss die Leistungserstellung im Unternehmen organisiert werden?
2 Vergleichen Sie die Planung und Organisation im Unternehmen und in der Volks- und Marktwirtschaft.
3 Erklären Sie den Unterschied zwischen divisionaler und funktionaler Struktur der Aufbauorganisation.
4 Warum ist das unternehmerische Handeln mit Risiken verbunden?
5 Wie soll das Unternehmen mit den möglichen Risiken umgehen?

Aufgabe 9

Ordnen Sie jedem Verb ein oder mehrere passende Substantive zu und übersetzen Sie die jeweilige Nomen-Verb-Verbindung in Ihre Muttersprache.

abstimmen durchsetzen einsetzen entlasten klären leisten organisieren reduzieren terminieren treffen übertragen			
	Arbeitsabläufe	Teilaufgaben	Finanzierungsbeitrag
	Ressourcen	Unternehmensführung	Mittel
	Risiken	Innovationen	Arbeitsaufgaben
	Kompetenzen	Kommunikationswege	Absprache

Aufgabe 10

Ergänzen Sie folgende Wörter in den Text. Achten Sie dabei sowohl auf den Sinn des Textes als auch auf die Grammatik.

abhängiger ◆ beiderseitigem ◆ eigenen ◆ mangelnder ◆ modellhaft ◆ opportunistischem technisches ◆ unterschiedliche ◆ vielfältigen ◆ vollständig ◆ wechselseitiger

Das Unternehmen steht im Fokus unterschiedlicher Interessen, es lässt sich aber auch als ökonomisches, soziales, organisatorisches und _________________ System analysieren, das in _________________ Beziehungen zu anderen Akteuren steht, deren Ziele es zwar allgemein voraussehen kann, nicht aber deren Entscheidungen. Die Principal-Agent-Theorie erklärt _________________ die Beziehungen voneinander _________________ wirtschaftlicher Akteure, von denen der eine als Auftraggeber (Principal) Kompetenzen bzw. Aufgaben auf den anderen (Agenten) überträgt, während beide _________________ Interessen verfolgen. Solche Beziehungen bestehen sowohl zwischen den Aktionären (Principal) und dem Vorstand (Agent), aber auch zwischen dem Arbeitgeber (Principal) und den Arbeitnehmern (Agent). In diesem Geflecht _________________ Beziehungen kann also ein und dieselbe Person gleichzeitig Principal und Agent sein. Der Principal hat grundsätzlich ein Informationsproblem. Er ist nie _________________ über die Entscheidungsgrundlagen sowie die Handlungsspielräume informiert, die die Agenten zur Verfolgung ihrer _________________ Interessen nutzen können. Für die Principale ist es schwierig zu erkennen, ob die Nichtrealisierung eines Ziels _________________ Leistungsbereitschaft oder -fähigkeit der Agenten geschuldet ist oder aber aus äußeren Restriktionen resultiert. So versucht die Theorie Auswege aus solchen Konflikten zu finden, um Leistungsdefizite frühzeitig erkennen zu können, Anreize zur Zielrealisierung in _________________ Interesse zu entwickeln und den Spielraum zu _________________ Verhalten zu begrenzen. Das können beispielsweise Maßnahmen zur Überwachung, aber auch zur erfolgsabhängigen Entlohnung sein.

Aufgabe 11

Lesen Sie den Text noch einmal und erklären Sie anschließend die Theorie unter Verwendung der spezifischen Fachbegriffe.

Aufgabe 12

Das Unternehmen ist ein komplexes System mit vielen Teilnehmern. Lesen Sie den folgenden Text und versuchen Sie zusammen mit Ihrem Partner/Ihrer Partnerin eine Grafik zu erstellen, die eine Übersicht der im Text erwähnten Teilnehmer und Beziehungen darstellen würde. Präsentieren Sie anschließend Ihr Schema im Plenum.

Das Unternehmen ist ein offenes System, das mit seiner Umwelt vielfältig verflochten ist. Es trifft auf Ansprüche und Interessen vieler Gruppen. Neben den Eigentümern, Managern und Mitarbeitern gehören dazu die Kunden, Lieferanten, aber auch der Staat und die Öffentlichkeit. Ihre unterschiedlichen Interessen erfordern eine komplexe Unternehmenssteuerung. Während die Unternehmenslenker zwangsläufig nach Gewinn und Gestaltungsspielräumen streben, sind die Arbeitnehmer vor allem an einem regelmäßigen und angemessenen Einkommen sowie an humanen Bedingungen, Partizipation und Entfaltung interessiert. Die Investoren hoffen auf eine Vermehrung ihres eingesetzten Kapitals. Dabei wünschen die Fremdkapitalgeber sowohl die Zinszahlung als auch eine fristgemäße Rückzahlung, während die Eigenkapitalgeber auf eine Mehrung ihres Vermögens abzielen. Die Konsumenten erwarten vor allem eine angemessene und preisgünstige Güterversorgung, und die Gemeinden hoffen auf Arbeitsplätze, ein entsprechendes Steueraufkommen und wollen negative Auswirkungen auf die Umwelt begrenzt wissen. Von den Zulieferern werden Betriebsmittel in ausreichender Menge, Qualität und in einer angemessenen Lieferfrist erwartet, während diese angemessene Bezahlung, günstige Konditionen und dauerhafte Geschäftsbeziehungen erhoffen. Schließlich gehen die Konkurrenten untereinander von der Einhaltung der Wettbewerbsregeln aus.

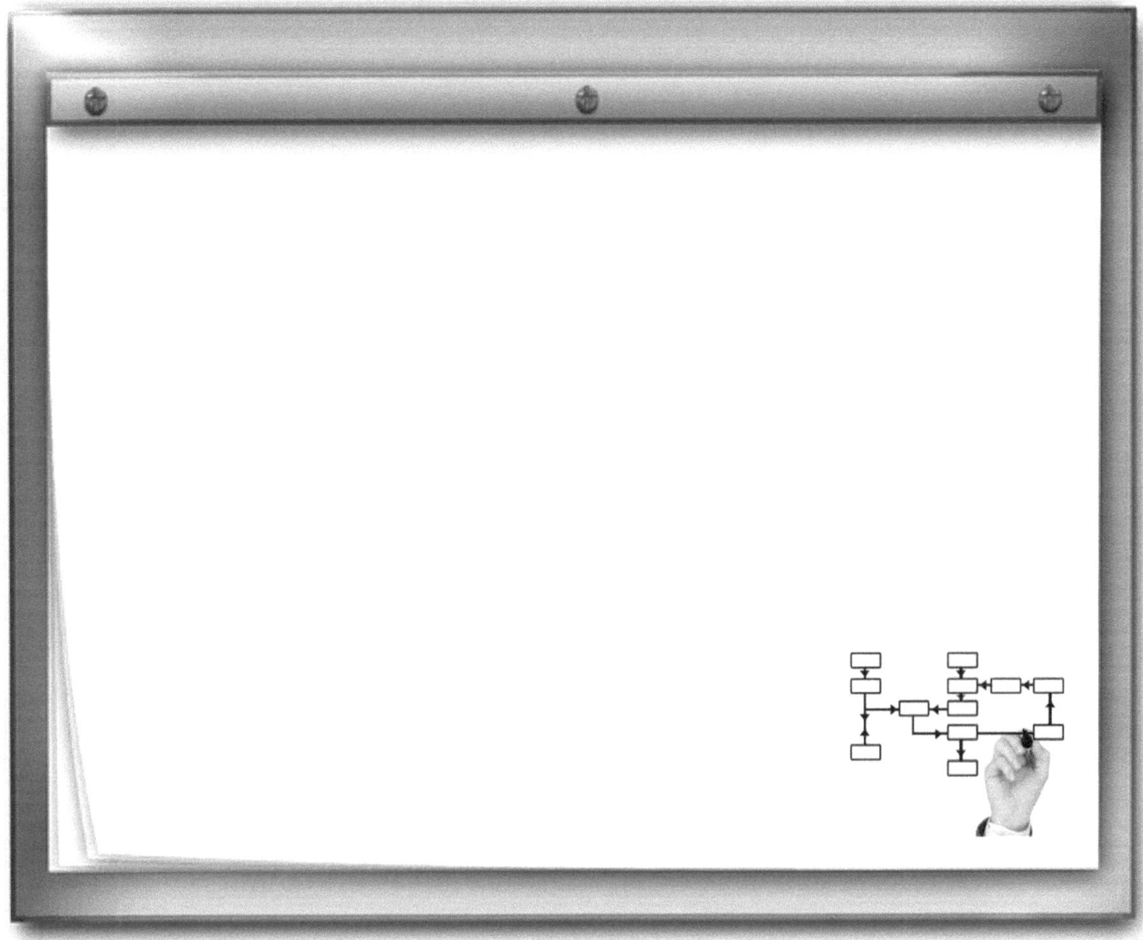

Aufgabe 13

Im Rahmen des Unternehmens kann es unterschiedliche Organisationsstrukturen geben. Lesen Sie die folgenden Texte (1 - 3) und ordnen Sie jedem Text das Passende Bild (A - C) zu.

1

Das Einliniensystem geht zurück auf den französischen Ingenieur Henri Fayol (1841 - 1925) und dessen Prinzip der „Einheit der Auftragserteilung". Funktionsträger sind nur über eine Linie miteinander verbunden: Jeder Untergebene hat nur einen direkten Vorgesetzten und erhält nur von diesem Weisungen. Ebenso kann er Meldungen und Vorschläge nur bei ihm vorbringen.

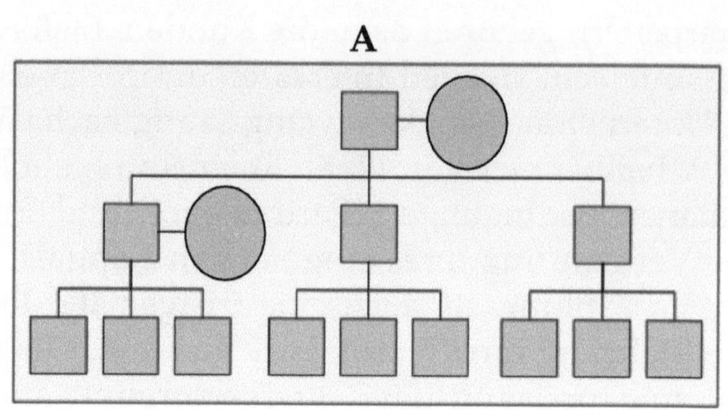

2

Die Idee eines Mehrliniensystems geht zurück auf das Funktionsmeisterprinzip von Frederick Winslow Taylor (1856 - 1915). Jede Stelle hat hier mehrere Vorgesetzte, d.h. sie ist also mehreren Übergeordneten Instanzen unterstellt und empfängt von ihnen Weisungen. Die bekannteste Form des Mehrliniensystems ist die Matrixorganisation. Bei einem solchem System ist die Weisungsbefugnis für einen Mitarbeiter auf mehrere Vorgesetzte verteilt. Jede Führungsperson ist hierbei für ein abgegrenztes Aufgabengebiet verantwortlich. Durch eine solche Spezialisierung der Leitung soll eine qualifiziertere Entscheidung bewirkt werden. Durch die Mehrfachunterstellung kann es allerdings zu Kompetenzstreitigkeiten kommen.

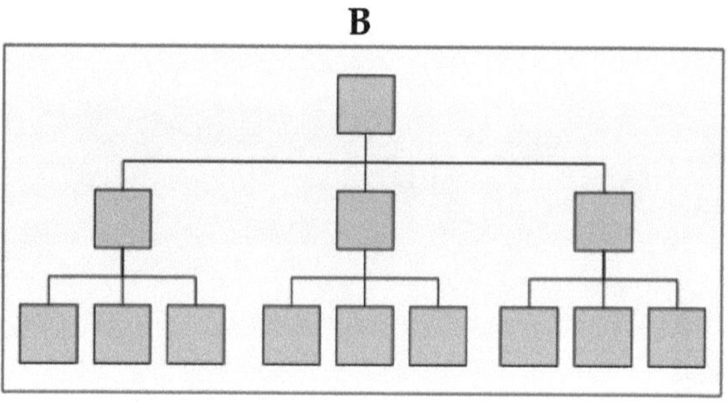

3

In größeren Unternehmen gibt es Stabsabteilungen, die intern hierarchisch gegliedert sein können. Ein Stab hat beratende und unterstützende Funktion, aber keine Entscheidungs- und Weisungsbefugnis. Anweisungen werden durch die Instanzen erteilt. Wenn die Stabsmitglieder dennoch Anordnungen treffen, tun sie es „im Auftrag".

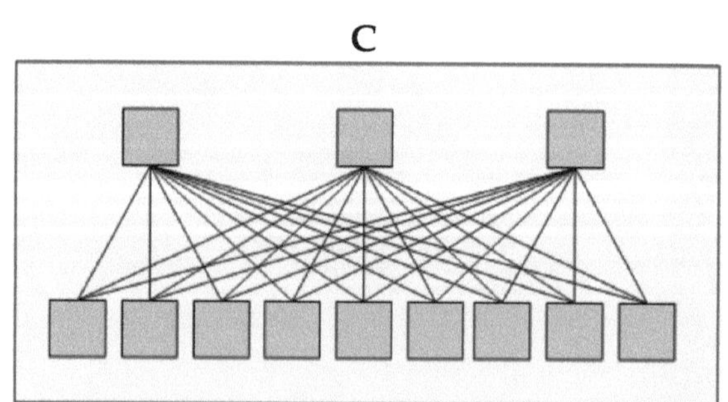

Aufgabe 14

Entscheiden Sie, welche Vorteile und welche Nachteile Ihrer Meinung nach zu der jeweiligen Organisationsstruktur passen. Begründen Sie Ihre Zuordnung.

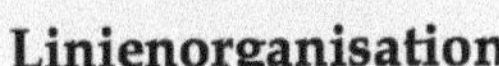

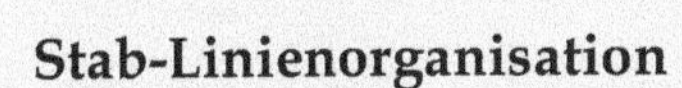

Vorteile

- Arbeitsentlastung der Leitung
- bessere Qualität der Entscheidung durch die Zuarbeit der Beratungsstelle
- die obere Leitung und die Zwischeninstanzen werden entlastet
- Disziplin
- Einheitlichkeit des Auftragsempfangs
- kurze Kommunikationswege
- Vermeidung von Kompetenzstreitigkeiten

Nachteile

- Entscheidungen können sich verzögern
- lange Weisungswege
- mögliche Kompetenzkonflikte
- mögliche Konflikte zwischen Linie und Stab
- starke Hierarchie und Bürokratie
- Überlastung der oberen Ebene
- unklare Kompetenzabgrenzung
- Unsicherheit bei ausführenden Arbeitskräften
- widersprüchliche Anweisungen

Aufgabe 15

Beschreiben Sie die Organisationsstruktur der Firma ALDI SÜD. Bestimmen Sie, um was für eine Organisationsstruktur es sich handelt. Finden Sie im Internet weitere Beispiele und präsentieren Sie diese im Plenum.

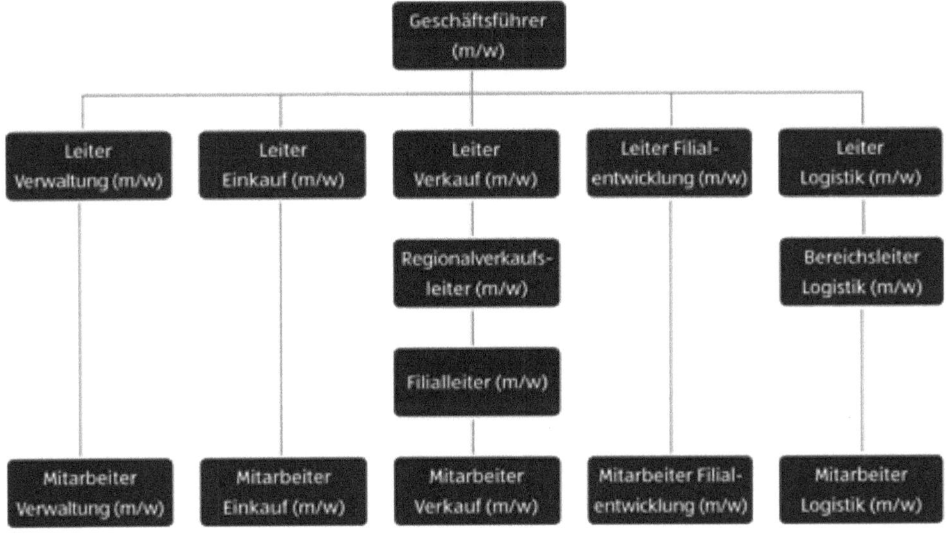

Aufgabe 16

Unter dem Begriff Führungsebenen versteht man die Einteilung der Organisationshierarchie eines Unternehmens typischerweise in oberste, mittlere und untere Führungsebene.
Entscheiden Sie und argumentieren Sie, welche von folgenden Aufgaben und Kompetenzen welcher Führungsebene obliegt.

a) Ziele des Unternehmens festlegen
b) Unternehmenstaktik entwickeln
c) Verantwortung für einen Unternehmensbereich tragen
d) grundlegende Entscheidungen umsetzen
e) im zuständigen Aufgabengebiet selbst entscheiden
f) im Namen des Unternehmens Handlungen vornehmen
g) die ausführenden Mitarbeiter leiten
h) für Beschaffenheit der Produkte und Effektivität verantwortlich sein
i) selbst für die Produktionsleistungen beitragen

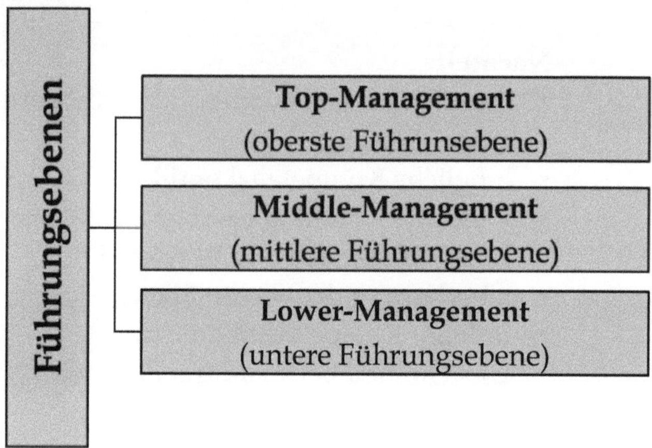

Aufgabe 17

Lesen Sie den folgenden Text und überprüfen Sie die richtige Zuordnung der Aufgaben und Kompetenzen aus der Aufgabe 16.

Topmanagement stellt die oberste Führungsebene des Unternehmens dar, die aus einer Person oder mehreren Personen bestehen kann. Die oberste Führungsebene beschäftigt sich primär mit unternehmerischen Zielsetzungen sowie der Entwicklung und Umsetzung der Unternehmensstrategie. Middle-Management heißt die mittlere Führungsebene des Unternehmens. Je nach Größe des Unternehmens können hier eine oder mehrere Hierarchieebenen angesiedelt sein. Zum Middle-Management zählen u.a. Bereichsleiter, Hauptabteilungsleiter, Abteilungsleiter, also Personen, die für einen Teilbereich des Unternehmens wie Personalabteilung, Fertigung, Rechnungswesen etc. verantwortlich sind. Die mittlere Führungsebene setzt die Grundsatzentscheidungen des Topmanagements um, indem Entscheidungen für den zuständigen Bereich getroffen und verwirklicht werden. Hierfür sind sie in der Regel mit Handlungsvollmacht ausgestattet. Unterste Führungsebene des Unternehmens ist das Lower-Management. Das Lower-Management ist Vorgesetzter von Mitarbeitern, die mit ausführenden Tätigkeiten betraut sind, und ist unmittelbar für Qualität und Effizienz des Leistungsprozesses verantwortlich. Zum Lower-Management zählen Gruppenleiter, Büroleiter, Meister. Die unterste Führungsebene setzt Entscheidungen der Vorgesetzten um, indem die Mitarbeiter oder die unterste Führungsebene selbst die Betriebsleistungen erbringen. Middle- und Lower-Management sind einem doppelten Erwartungsdruck ausgesetzt, da sie einerseits Zielvorgaben ihrer Vorgesetzten erfüllen müssen, andererseits die Mitarbeiter eigene Vorstellungen und Ansprüche durchsetzen wollen.

Aufgabe 18

Die drei Führungsebenen können durch unterschiedene Tätigkeitsschwerpunkte, die im Spektrum zwischen strategischen Entscheidungen und Ausführung liegen, näher beschrieben werden. Ordnen Sie jedem Tätigkeitsschwerpunkt die passende Beschreibung zu.

    A. **Anordnung**
    B. **Ausführung**
    C. **Dispositive Entscheidungen**
    D. **Moderation**
    E. **Strategische Entscheidungen**

1   Entscheidungen über Sachverhalte, die die strukturelle und langfristige Entwicklung des Unternehmens bestimmen. Hierzu gehören Grundsatzfragen, z.B. Fusion, Rechtsformwechsel, Neuorganisation, Bildung von Unternehmensleitlinien, die Koordination der großen betrieblichen Teilbereiche, die Entscheidung über bedeutsame Einzelvorhaben wie Großaufträge oder große Projekte, die Besetzung der Führungspositionen. Hier liegen die wichtigsten Betätigungsfelder der obersten Führungsebene.

2   Die Strategien werden genauer formuliert und über verschiedenste Aktivitäten, z.B. in Projekten, umgesetzt oder durch verändertes Verhalten der Verantwortungsträger berücksichtigt. Unabhängig von Veränderungen ist die mittlere Führungsebene im Tagesgeschäft mit Einzelentscheidungen gefordert. Je nach Verantwortungsbereich sind vielfältige Entscheidungen zu treffen, z.B. im Fertigungsbereich über die Termintreue, Qualitätssicherung oder im Controlling über Softwareeinsatz und Berichtssysteme.

3   Zunehmende Spezialisierung und die raschen Innovationszyklen bringen es mit sich, dass Führungskräfte immer stärker vom Wissen verschiedenster Personen des Unternehmens unterstützt werden müssen. Über starr vorgegebene Berichtswege und hierarchische Anordnungen ist die Vermittlung des für die effiziente Entscheidung und Aufgabenbearbeitung benötigten Wissens nur bedingt möglich. Gefragt ist Kooperation, Teamarbeit, Kommunikation und Moderation über alle Führungsebenen hinweg. Zielvereinbarung und Aufgabenvereinbarung treten bei der Mitarbeiterführung an die Stelle von Anweisungen.

4   Auch heute werden in der betrieblichen Praxis bei vielen operativen Aufgaben detaillierte Anweisungen über das Was, Wer und Wann der Aufgabenerfüllung benötigt. Häufig sind dies Routineentscheidungen oder die direkte Umsetzung von Vorgaben der Vorgesetzten. Hier liegt das primäre Betätigungsfeld des Lower-Managements.

5   Die vorgesehenen Tätigkeiten zur Aufgabenerfüllung werden den Anforderungen entsprechend realisiert. Neben den Mitarbeitern ist i.d.R. auch die untere Führungsebene mit ausführenden Tätigkeiten beschäftigt.

Notizen und Vokabeln

6   Rechtsformen der Unternehmen

Aufgabe 2

Für die Unterscheidung der Rechtsformen ist die Art der Geschäftsführung und Vertretung von Bedeutung. Lesen Sie den folgenden Text und Erklären Sie die Bedeutung von den Begriffen:

a) **Geschäftsführungsbefugnis**
b) **Vertretungsbefugnis**

Bei den Erläuterungen der einzelnen Rechtsformen wird i.d.R. genannt, wer die Geschäfte führt und wer das Unternehmen nach außen vertritt. Bei Geschäftsführung und Vertretung handelt es sich um zwei Paar Schuhe, was insbesondere im Hinblick auf Beschränkungen der Geschäftsführung und Vertretung deutlich wird. Die Geschäftsführungsbefugnis legt fest, wer die Geschäfte führt, d.h. wer z.B. bestimmen kann, ob und wenn ja, welche Maschinen das Unternehmen kauft; in welche Entwicklungsprojekte bzw. Produkte investiert wird oder welche Strategie das Unternehmen einschlägt. Mit anderen Worten: die Geschäftsführungsbefugnis beantwortet die Frage: wer hat das Sagen? Die Vertretungsbefugnis hingegen regelt, wer das Unternehmen nach außen – gegenüber Kunden, Lieferanten, Arbeitnehmern, Banken, dem Finanzamt etc. – vertritt. Konkret: Wer unterschreibt den Mietvertrag für die Büroräume? Wer legt Einspruch gegen den Steuerbescheid des Finanzamts ein? Wer verhandelt den Kredit mit der Bank und unterzeichnet anschließend den Kreditvertrag? Die Vertretungsbefugnis beantwortet also die Frage: wer unterschreibt und verpflichtet damit das Unternehmen? Die Vertretungsmacht regelt das Außenverhältnis, während die Geschäftsführungsbefugnis das Innenverhältnis regelt. Dabei gibt es einen wesentlichen Unterschied: Während die Geschäftsführungsbefugnis im Innenverhältnis individuell durch das Unternehmen definiert werden kann, ist die Vertretung im Außenverhältnis gesetzlich vorgegeben. Dadurch gewährleistet der Gesetzgeber die Rechtswirksamkeit von Verträgen etc. gegenüber den Geschäftspartnern.

Aufgabe 3

Übersetzen Sie folgende Wörter ins Deutsche oder finden Sie alternativ einen Text zum Thema „Einzelunternehmen" in ihrer Muttersprache und erarbeiten Sie die typischen Fachbegriffe.

daň zo živnosti	
daňové identifikačné číslo	
daňový úrad	
drobný živnostník	
jednoduché účtovníctvo	
neobmedzené ručenie	
obchodné meno	
obchodný register	
odvádzať dane	
ohlásiť samostatne zárobkovú činnosť	
podvojné účtovníctvo	
príjmy	
rozhodovať o záležitostiach podniku	
samostatne zárobkovo činná osoba	
súkromný majetok	
základný kapitál	
zápis do obchodného registra	
živnostenský obchodník	
živnostenský úrad	
živnostník	

Aufgabe 4

Lesen Sie den folgenden Text und finden Sie deutsche Äquivalente zu den Begriffen aus der Aufgabe 3.

Ein Einzelunternehmen entsteht automatisch, wenn man sich als Gewerbetreibender oder Freiberufler allein selbständig macht. Diese Rechtsform eignet sich zum Einstieg. Der Gründer entscheidet selbst, wie viel Startkapital er miteinbringt. Die Gründung eines Einzelunternehmens ist einfach. Es entsteht, indem gewerbetreibende Kaufleute beim Gewerbeamt ihre Tätigkeit anmelden und ihr Unternehmen durch einen Notar ins Handelsregister eintragen oder Kleingewerbetreibende ihre Tätigkeit beim Gewerbeamt anmelden. Kleingewerbetreibenden steht es frei, sich ins Handelsregister eintragen zu lassen. Mit dem Eintrag ins Handelsregister übernehmen Sie alle Rechte und Pflichten von Kaufleuten. Zu den Einzelunternehmern gehören schließlich Freiberufler, die bei der Gründung eine Steuernummer beim Finanzamt beantragen und ihre Selbständigkeit dort anzeigen.

Kleingewerbetreibende, die nicht im Handelsregister eingetragen sind, und Freiberufler müssen mit ihrem Vor- und Nachnamen im Geschäftsleben auftreten. Sie können zusätzlich einen Branchen-, Sach- oder Phantasienamen ergänzen. Gewerbetreibende, die im Handelsregister eingetragen sind, können ihren Vor- und Nachnamen im Unternehmensnamen führen, müssen aber nicht. Möglich ist auch ein reiner Branchen-, Sach-, Personen oder Phantasiename.

Als Inhaberin oder Inhaber eines Einzelunternehmens entscheidet man allein über alle Belange des Unternehmens und trägt dafür die Verantwortung. Als Kaufmann oder Kauffrau ist man zur doppelten Buchführung verpflichtet. Freiberufler und Kleingewerbetreibende sind nicht buchführungspflichtig. Für sie ist die einfache Buchführung empfehlenswert.

Die Einzelunternehmer haften unbeschränkt und unmittelbar mit ihrem Geschäfts- und Privatvermögen. Steuerrechtlich erzielen die Einzelunternehmer Einkünfte aus Gewerbebetrieb oder aus freiberuflicher Tätigkeit. Die Gewerbetreibenden müssen Gewerbesteuer, Einkommensteuer, den Solidaritätszuschlag, Lohnsteuer und Umsatzsteuer abführen. Für Freiberufler entfällt die Gewerbesteuer. Für alle entstehenden Schulden, d.h. auch für Steuerschulden, muss der Betriebsinhaber mit seinem gesamten Vermögen einstehen.

Aufgabe 5

Fassen Sie die wesentlichen Inhalte des Textes zusammen, äußern Sie sich dabei zu folgenden Punkten:

- Entstehung und Anmeldung
- Geschäftsnamen
- Entscheidungen
- Verantwortung
- Buchführung
- Haftung
- Steuerpflichten

Aufgabe 6

Vergleichen Sie die Gemeinsamkeiten und Unterschiede beim Einzelunternehmen in Deutschland und in Ihrem Heimatland.

Aufgabe 7

Diskutieren Sie in Kleingruppen, welche Vor- und Nachteile die Gründung einer Gesellschaft mit einem oder mehreren Gesellschaftern im Vergleich zum Einzelunternehmen bringen kann.

Aufgabe 8

Lesen Sie den folgenden Text und entscheiden Sie, ob die Aussagen 1 bis 7 richtig oder falsch sind.

		R	F
1	Bei der Personengesellschaft beschränkt sich die Haftung auf die Verbindlichkeiten der Gesellschaft.		
2	Die Gesellschafter einer Kapitalgesellschaft vertreten die Firma im Rechtsverkehr.		
3	Die Gründung einer Kapitalgesellschaft ist aus der formalen Sicht mehr aufwendig.		
4	Ein Konzern ist eine Personengesellschaft.		
5	Eine Gesellschaft kann wie das Einzelunternehmen auch nur von einer Person gegründet werden.		
6	In einer Kapitalgesellschaft haften die Gesellschafter unterschiedlich.		
7	Juristische Personen dürfen nur als Kapitalgesellschaften, nicht als Personengesellschaften auftreten.		

Die Wahl der Rechtsform hat vielfältige Auswirkungen auf das Unternehmen. Die daraus folgenden Konsequenzen sind persönlicher, finanzieller, steuerlicher und rechtlicher Art.

Man kann ein Unternehmen allein oder gemeinsam mit mehreren Personen gründen. Das Einzelunternehmen kann nur von einer Person gegründet werden, während Gesellschaften von mehreren Personen oder einige Gesellschaften (Kapitalgesellschaften) auch von nur einer Person gegründet werden können. Der Einzelunternehmer muss entscheiden, ob er als Kleingewerbetreibender tätig wird, oder als Kaufmann in das Handelsregister eingetragen werden will oder muss. Soll eine Gesellschaft gegründet werden, besteht die Wahl zwischen Personengesellschaften und Kapitalgesellschaften. Personengesellschaften können nur von mehreren Personen gegründet werden. Bei Kapitalgesellschaften besteht die Möglichkeit der Ein-Mann-Gründung. Die Entscheidung hängt einerseits davon ab, ob man wegen eines hohen Haftungsrisikos auf eine Haftungsbeschränkung Wert legt, oder ob aus steuerlichen Gründen die eine oder die andere Rechtsform passender ist. Der wesentliche Unterschied zwischen einer Personengesellschaft und einer Kapitalgesellschaft ist die unterschiedliche Haftung der Gesellschafter. In der Personengesellschaft haften die Gesellschafter mit wenigen Ausnahmen persönlich mit ihrem gesamten Privatvermögen für Verbindlichkeiten der Gesellschaft, während bei der Kapitalgesellschaft die Haftung auf das Vermögen der Gesellschaft beschränkt ist. Personengesellschaften sind auf die Person der einzelnen Gesellschafter ausgerichtet. Die Gesellschaftsanteile sind grundsätzlich nicht frei übertragbar. Kennzeichnend ist die persönliche Mitarbeit der Gesellschafter. Viele Kleinunternehmen werden in der Form der Personengesellschaft betrieben. Bei mittelständischen Unternehmen sind es überwiegend Familienbetriebe, die sich als

Personengesellschaft organisieren. Aber auch Zusammenschlüsse mehrerer Industrieunternehmen können Personengesellschaften sein. In diesem Fall besteht die Personengesellschaft allerdings nicht aus natürlichen, sondern aus juristischen Personen. Sie nennen sich dann Konsortium, Konzern oder Interessengemeinschaft. Bei den Kapitalgesellschaften ist die Gesellschaft selbst Träger eigener Rechte und handelt – durch ihre Geschäftsführer – selbstständig im Rechtsverkehr. Die Gesellschafter treten nicht notwendig nach Außen in Erscheinung. Die Gesellschaft selber schließt Verträge, besitzt Vermögen und muss Steuern bezahlen. Die Haftung für die Geschäftsschulden ist auf das Gesellschaftsvermögen beschränkt. Gläubiger der Gesellschaft können sich nicht aus dem Privatvermögen befriedigen. Deshalb unterliegen Kapitalgesellschaften größeren Formzwängen und erfordern zu ihrer Gründung ein Mindestkapital.

Aufgabe 9

Lesen Sie die Texte über die einzelnen Formen der Personengesellschaften. Suchen Sie Gemeinsamkeiten und Unterschiede bei diesen Formen. Achten Sie auf die Aspekte: Gründung, Kapital, Finanzierung und Vor- und Nachteile.

Offene Handelsgesellschaft (OHG)

Die OHG ist eine Rechtsform für Kaufleute, die gemeinsam mit einem oder mehreren Partnern ein Handelsunternehmen gründen wollen. Alle Partner, die sog. Gesellschafter, sind zur Führung der Geschäfte berechtigt. In der Praxis kommt es relativ häufig vor, dass die Gesellschafter sich im Gesellschaftsvertrag darauf einigen, dass ein Gesellschafter mit der Führung der Geschäfte beauftragt wird. Die OHG muss zwingend in das Handelsregister eingetragen werden. Ein bestimmtes Mindestkapital ist hingegen nicht erforderlich. Die Gesellschafter haften für die Verbindlichkeiten der OHG mit ihren jeweiligen Geschäftsanteilen sowie mit ihrem Privatvermögen (wenn und soweit der Gesellschaftsvertrag im Einzelfall nichts anderes bestimmt). Bei der Gründung der OHG ist kein Mindestkapital erforderlich. Diese Form ist besser geeignet als die GbR für wirtschaftlich bedeutsamere Unternehmen, da die OHG unter ihrem Firmennamen Rechte erwerben und Pflichten eingehen kann. Alle Gesellschafter haften mit ihrem gesamten Privatvermögen. Gründungsaufwand- und Kosten sind (im Vergleich zur GbR) etwas höher (ca. 100 € bei Einheitswert der OHG von 50.000 €, ca. 200 € bei Einheitswert bis 500.000 €)

Kommanditgesellschaft (KG)

Bei der KG gibt es nicht nur die Grundform der KG, sondern auch noch die Sonderform der GmbH & Co. KG mit einigen Abweichungen in der rechtlichen Konstruktion. Die KG ist wie die OHG eine besondere Rechtsform für ein Handelsunternehmen. Sie ist vor allem für Unternehmer geeignet, die zusätzliches Startkapital suchen, jedoch alleiniger Chef im Unternehmen bleiben möchten. Die Personenmehrheit innerhalb der KG besteht aus dem Unternehmer (Komplementär) sowie aus weiteren Gesellschaftern (sog. Kommanditisten), die sich lediglich finanziell am gemeinsamen Unternehmen beteiligen. Die Kommanditisten haften nur mit der Höhe ihrer Einlage. Der Komplementär hingegen führt die Geschäfte alleinverantwortlich (falls dies vertraglich nicht anders geregelt wird) und haftet unbeschränkt, d.h. auch mit seinem Privatvermögen. Die KG muss zwingend in das Handelsregister eingetragen werden. Für die Gründung ist kein Mindestkapital erforderlich, die Gesellschaft kann über zusätzliches Eigenkapital verfügen. Das Unternehmen zeichnet große Unabhängigkeit aus. Gründungsaufwand und -kosten sind vergleichbar mit der OHG. Zu empfehlen ist diese Form für Unternehmen mit größerer wirtschaftlicher Bedeutung.

Gesellschaft bürgerlichen Rechts (GbR)
Sobald Sie sich mit einem oder mehreren Partnern zusammenschließen, um gemeinsam ein Unternehmen zu gründen, bilden Sie - falls nichts anderes bestimmt ist - automatisch eine Gesellschaft bürgerlichen Rechts (GbR), auch BGB-Gesellschaft genannt. Diese unkomplizierte Art der Personengesellschaft kommt in der Praxis häufig vor. Mit der GbR sind nur ein geringer Gründungsaufwand und minimale Gründungskosten verbunden, kein Stammkapital ist erforderlich. Diese Form eignet sich für kleine Gewerbebetriebe, deren Geschäftsvolumen eine Handelsregistereintragung nicht rechtfertigt. Ein Gesellschaftsvertrag ist zwar nicht zwingend vorgeschrieben, aber dringend zu empfehlen. Alle Partner der GbR haften unbeschränkt mit ihrem gesamten Betriebs- und Privatvermögen. GbR ist ungeeignet für Unternehmen mit wirtschaftlich bedeutsamem und risikoreichem Geschäftsbetrieb.

GmbH & Co. KG
Bei der sog. GmbH & Co. KG handelt es sich anders als man vielleicht beim ersten Hören vermutet im Kern um eine KG. Die Besonderheit der GmbH & Co. KG liegt darin, dass der Unternehmer (Komplementär), der bei einer „einfachen" KG (Grundform) mit seinem Privatvermögen haften würde, keine natürliche Person, sondern eine GmbH (Gesellschaft mit beschränkter Haftung) ist. Dadurch wird die Haftung des Komplementärs auf das GmbH-Kapital beschränkt. Die GmbH & Co. KG eignet sich, wenn Sie ein Handelsunternehmen als Kommanditgesellschaft führen möchten, jedoch nicht das hohe Haftungsrisiko eines Komplementärs der KG eingehen wollen. Die Gesellschafter der GmbH sind meistens die Kommanditisten der KG. Eintrag ins Handelsregister und notarielle Beurkundung ist notwendig. Bei dieser Form droht oft die Gefahr der Überschuldung bei zu geringer Kapitalausstattung.

Gründung

Kapital

Finanzierung

Vorteile

Nachteile

Aufgabe 10

Sprechen Sie über die in der Aufgabe 9 erarbeiteten Aspekte im Vergleich. Achten Sie auf die richtige Terminologie.

Aufgabe 11

Lesen Sie den folgenden Text über die Versteuerung der Personengesellschaften und ergänzen Sie sinngemäß die fehlenden Wörter.

Berechnung ❖ Geschäftsfähigkeit ❖ Geschäftsjahr ❖ Gesellschafter
Gewerbebetrieb ❖ Gewerbesteuer ❖ Gewinn ❖ Person ❖ Umsätze

Personengesellschaften gehören nicht zu den juristischen Personen und haben damit keine eigene Rechts- und ______________________. Zwangsläufig wird nicht die jeweilige Personengesellschaft zur Einkommensteuer veranlagt, sondern die einzelnen ______________________ der Personengesellschaft. Am Ende von einem jeden ______________________ ist der Gewinn der Gesellschaft festzustellen und den einzelnen Gesellschaftern zuzurechnen. Bei den einzelnen Gesellschaftern führt diese Gewinnzurechnung zu Einkünften aus ______________________.
Personengesellschaften sind fast immer gewerblich tätig (Ausnahme: Partnerschaftsgesellschaft an der keine berufsfremde ______________________ beteiligt ist) und unterliegen daher mit ihrem ______________________ der Gewerbesteuer, insofern keine Befreiung von der ______________________ besteht. Grundlage für die ______________________ der Gewerbesteuer ist der nach den Bestimmungen des Einkommensteuergesetzes ermittelte Gewinn. Dieser wird um Kürzungen nach § 9 GewStG vermindert. Besteht keine Steuerbefreiung unterliegen die getätigten ______________________ der Personengesellschaft der Umsatzsteuer.

Aufgabe 12

Bilden Sie Komposita, indem Sie die Wörter links (Wortanfang) mit den Wörtern rechts (Wortende) kombinieren. Definieren Sie jeweils auch kurz die Bedeutung des gebildeten Wortes. Die Texte auf den Seiten 60 bis 63 stehen Ihnen zur Hilfe. Achten Sie auch auf das sog. Fugen-s.

Einkommen Form	Anteil Aufwand Ausstattung
Geschäft Gesellschaft	Befreiung Beschränkung
Gewinn Gründung	Betrieb Führer Gemeinschaft
Haftung Handel	Gesetz Kapital
Industrie Interessen	Kosten Register Schulden
Kapital Mindest-	Steuer Unternehmen
Privat Start	Vermögen Vertrag Volumen
	Zurechnung Zwang

Aufgabe 13

Folgende Bilder präsentieren schematisch die zwei Grundformen der Kapitalgesellschaften: Gesellschaft mit beschränkter Haftung und die Aktiengesellschaft. Beschreiben Sie mit eigenen Worten, worüber die Grafiken Auskunft geben.

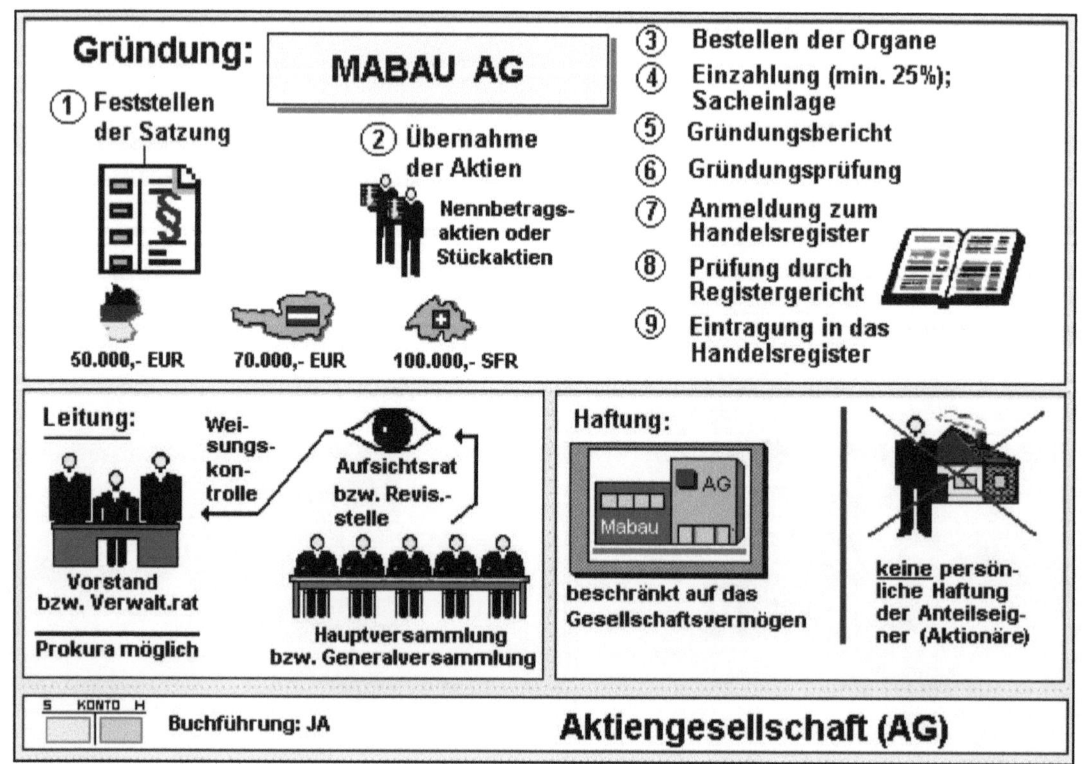

Aufgabe 14

Lesen Sie die Texte über GmbH und AG. Welche Informationen aus den Grafiken erkennen Sie im Text wieder und welche Informationen sind neu?

Gesellschaft mit beschränkter Haftung (GmbH)

Die GmbH ist in der Praxis die am häufigsten vorkommende Gesellschaftsform wegen der Risikobegrenzung für die Gesellschafter. Sie ist eine juristische Person mit eigener Rechtspersönlichkeit, d.h. sie ist selbst Träger von Rechten und Pflichten. Vertreten wird die GmbH durch ihren oder ihre Geschäftsführer. Nach der Gründung, d.h. mit dem (bei allen Kapitalgesellschaften) zwingend erforderlichen Eintrag ins Handelsregister, haftet nur die Gesellschaft mit ihrem Gesellschaftsvermögen gegenüber Gläubigern. Das erforderliche Mindeststammkapital, liegt bei 25.000 €. Es setzt sich aus den Kapitaleinlagen der Gesellschafter zusammen. D.h. die einzelnen Gesellschafter haften nur mit ihrem entsprechenden Anteil am Gesellschaftsvermögen. Allerdings verlangen Kreditinstitute in der Regel wegen der Haftungsbeschränkung der GmbH, dass die Gesellschafter gegenüber der Bank entweder selbstschuldnerisch bürgen, also doch mit ihrem Privatvermögen für die der GmbH gewährten Kredite haften, oder ausreichende private Sicherheiten stellen. Zu den Vorteilen gehören beschränkte Haftung gegenüber Dritten und steuerliche Vorteile bei höheren Gewinnen. Als Nachteil kann das Mindeststammkapital von 25.000 € betrachtet werden, das mindestens zur Hälfte eingezahlt werden muss. Man muss mit Gründungsformalitäten und -kosten rechnen und auch die Buchführung ist aufwendig. Haftung mit Privatvermögen gegenüber der Bank wegen Absicherung bei Kreditvergabe ist auch möglich. Auch ein Einzelunternehmer kann sein Unternehmen als GmbH führen, für die generell dieselben Regeln gelten wie für eine GmbH mit mehreren Gesellschaftern. Der Unternehmer (Alleingesellschafter) wird in diesem Fall zugleich zum angestellten Geschäftsführer der GmbH.

Aktiengesellschaft (AG)

Die Aktiengesellschaft ist wie die GmbH eine Gesellschaft mit eigener Rechtspersönlichkeit und einer auf das Gesellschaftsvermögen beschränkten Haftung, die ebenfalls erst mit der Eintragung ins Handelsregister wirksam ist. Eine Aktiengesellschaft kann von einer oder mehreren Personen gegründet werden. Der Gründungsvorgang unterliegt strengen Formvorschriften. Der Gesellschaftsvertrag heißt bei der AG Satzung. Sie bedarf der notariellen Beurkundung und kann nur innerhalb der gesetzlichen Grenzen frei ausgestaltet werden. Denn das Aktienrecht ist weitgehend zwingendes Recht. Dem Stammkapital der GmbH entspricht das in Aktien eingeteilte Grundkapital, das mindestens 50.000 € betragen muss. Die Aktien können entweder auf einen Nennbetrag (mindestens 1 €) lauten oder nennwertlos (Stückaktien) sein. Neben voll stimmberechtigten Stammaktien können bis zu 50 Prozent des Grundkapitals auch aus stimmrechtslosen Vorzugsaktien bestehen, die dafür eine höhere Dividende erhalten (deshalb „bevorzugt"). Die Gesellschafter der AG heißen Aktionäre. Organe der Aktiengesellschaft sind die Hauptversammlung, der mindestens aus drei Personen bestehenden Aufsichtsrat und der Vorstand. Die Hauptversammlung ist die Zusammenkunft der Aktionäre, die dort ihre Mitwirkungsrechte ausüben, zum Beispiel die Dividende beschließen, die Aktionärsvertreter im Aufsichtsrat wählen und über Kapitalmaßnahmen abstimmen. Der Aufsichtsrat hat die Aufgabe, die Vorstandsmitglieder zu bestellen, ihre Tätigkeit zu überwachen und sie zu beraten. Durch das Aktiengesetz und die Satzung bestimmte Geschäfte größerer Tragweite bedürfen der Zustimmung des Aufsichtsrats. Er hat ein unbegrenztes Informations- und Einsichtsrecht in alle Geschäftsunterlagen. Der Vorstand führt die Geschäfte der AG in eigener Verantwortung und vertritt sie nach außen. Er ist nicht an Weisungen des Aufsichtsrats oder der Hauptversammlung gebunden. Ein Aktionär kann auch in Personalunion Vorstandsmitglied sein. Nicht miteinander vereinbar sind dagegen Aufsichtsrats- und Vorstandstätigkeit.

Aufgabe 15

Beantworten Sie folgende Fragen zum Text:

1 Was sind die Voraussetzungen und Bedingungen für die Gründung einer GmbH?
2 Wie haftet eine GmbH gegenüber Dritten und gegenüber der Bank?
3 Was sind die Nachteile bei der GmbH?
4 Was haben GmbH und AG gemeinsam?
5 Was charakterisiert den Gesellschaftsvertrag einer AG?
6 Erklären Sie was eine Aktie ist und welche Arten der Aktien unterscheidet man.
7 Beschreiben Sie die Rolle der Aktionäre in einer AG.

Aufgabe 16

Erarbeiten Sie anhand der Texte zu Personengesellschaften (Aufgabe 9 und 11) und Kapitalgesellschaften (Aufgabe 14) den spezifischen Fachwortschatz. Finden Sie zu den einzelnen Termini die entsprechenden Übersetzungen in Ihrer Muttersprache.

Aufgabe 17

Ergänzen Sie die fehlenden Wörter

Die Aktiengesellschaft (AG) ist in Deutschland neben der ___________________________ eine Form der Kapitalgesellschaft. Die gegründete Gesellschaft ist von allen Gründern anzumelden. Erst durch die Eintragung in das ___________________________ wird die AG zur ___________________________ Person. Die Eintragung hat bei der AG konstitutiven Charakter. Die Leitung einer Aktiengesellschaft hat der ___________________________, der sich im Regelfall aus mehreren Personen zusammensetzt. Er ist nicht weisungsgebunden, wird aber in der grundsätzlichen Ausrichtung seiner Arbeit durch den ___________________________ kontrolliert. Das dritte Organ in der Organisationsstruktur einer Aktiengesellschaft ist die ___________________________. Sie besteht aus allen Aktionären einer AG. Ein Aktionär ist Inhaber eines ___________________________ an einer Aktiengesellschaft. Mit dem Erwerb von ___________________________ wird man Miteigentümer der Aktiengesellschaft. Die ___________________________ der Aktionäre ist auf ihre Einlage beschränkt, d. h. sie können höchstens das investierte Kapital verlieren.

Aufgabe 18

Neben den zwei Grundformen von Kapitalgesellschaften gibt es auch weitere Nebenformen und Mischformen. Holen Sie sich Informationen zu diesen Rechtsformen von Unternehmen und vergleichen sie diese mit der GmbH und AG. Halten Sie anschließend einen Fachvortrag für Ihre Kollegen.

- Ein-Personen-GmbH
- Die haftungsbeschränkte Unternehmergesellschaft (UG)
- Kleine AG
- Kommanditgesellschaft auf Aktien (KG a.A., KGaA)

Aufgabe 19

Folgender Text informiert über die Rechtsform der Kommanditgesellschaft in der Slowakei. Stellen Sie Gemeinsamkeiten und Unterschiede zwischen einer slowakischen und einer deutschen KG fest.

Die Kommanditgesellschaft gilt in der Slowakei als Kapitalgesellschaft und nicht wie in Österreich oder in Deutschland als Personengesellschaft. Um eine Kommanditgesellschaft zu gründen sind zwei Gesellschafter notwendig – der Komplementär und der Kommanditist. Die KG ist eine juristische Person, die ins Handelsregister einzutragen ist. KG ist geeignet für österreichische und deutsche Unternehmer, die sich entscheiden, in der Slowakei eine Produktionstätigkeit zu betreiben oder gewisse Arten von Dienstleistungen anzubieten.

Ein Gesellschafter ist natürliche oder juristische Person, es muss mindestens 2 Gesellschafter geben, Anzahl der Komplementäre ist unbegrenzt, die Zahl der Kommanditisten muss zwischen 1 bis 50 liegen. Der Kommanditist sollte in die Kommanditgesellschaft mindestens 250 Euro einlegen. Die Verwendung des Stammkapitals ist zulässig, es wird eine Bestätigung benötigt, dass das Stammkapital einbezahlt wurde. Der Kommanditist haftet für die Verbindlichkeiten der Kommanditgesellschaft nur bis zur Höhe seiner Einlage ins Stammkapital. Der Komplementär haftet für die Verbindlichkeiten der Gesellschaft unbegrenzt mit seinem Gesamtvermögen. Den Namen der Gesellschaft, kann man auf der Internetseite www.orsr.sk überprüfen.

Falls der Name der KG auch den Namen des Gesellschafters beinhaltet, der als Kommanditist angeführt wird, haften für die Verbindlichkeiten der Gesellschaft sowohl der Kommanditist wie auch der Komplementär. Zur Geschäftsführung sind nur Komplementäre berechtigt. Ein Sitz der Gesellschaft ist erforderlich und der Standort der Gesellschaft muss in der Slowakei sein. Die Gesellschafter können ihren Wohnsitz auch im Ausland haben. Eine Registrierung bei dem Gewerbeamt ist erforderlich (Gewerbeträger ist die KG). Es besteht keine Versicherungspflicht für die Kommanditisten und Komplementären. Die Eintragung ins Handelsregister ist erforderlich. Ein Aufsichtsrat ist nicht zwingend. Die Kommanditgesellschaft unterliegt der Steuerpflicht in Form der 19% Körperschaftssteuer (keine zusätzliche Besteuerung der ausgeschütteten Gewinne in der Slowakei). Eine slowakische Kommanditgesellschaft muss auch ein Bankkonto haben.

Gemeinsamkeiten	Unterschiede

Aufgabe 20

Arbeiten Sie in Kleingruppen. Sammeln Sie im Internet Informationen zu den möglichen Rechtsformen von Unternehmen in Österreich, in der Schweiz und in Ihrem Heimatland. Inszenieren Sie anschließend Gespräche in einer Beratungsstelle für Geschäftsleute, die ihr Unternehmen in einem der drei Länder gründen wollen. Die Interessenten sollten nicht nur passiv zuhören, sondern auch fachliche Fragen an die Berater stellen.

Notizen und Vokabeln

7   Unternehmen als Arbeitgeber

Aufgabe 1

Nach den Angaben des Internetportals „Profesia" und der Zeitschrift „Forbes" gehörten im Jahr 2013 folgende Unternehmen zu den attraktivsten Arbeitgebern der Slowakei. Wählen Sie ein Unternehmen aus und finden Sie grundlegende Informationen bezüglich des Wirkungsbereichs, des Images, der Struktur, der Organisationsform und des Führungsstils des Unternehmens. Präsentieren Sie die Unternehmen in der Gruppe.

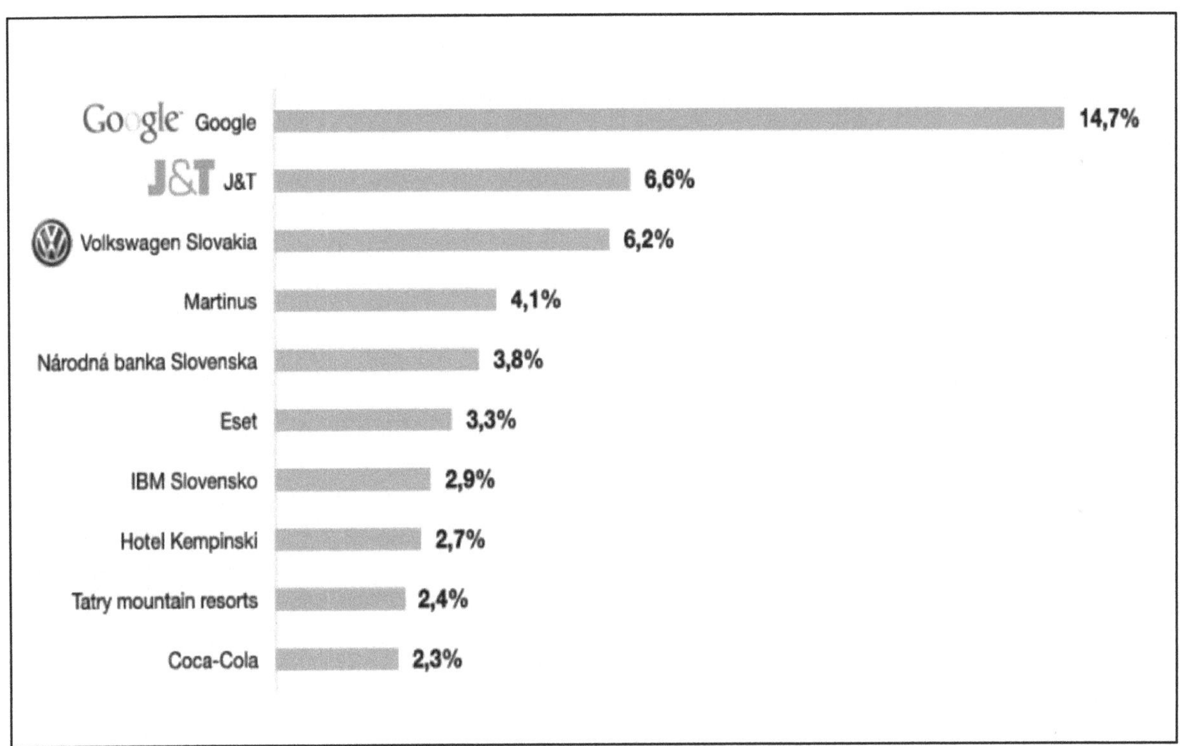

Aufgabe 2

Vergleichen Sie die vorgestellten Unternehmen untereinander und diskutieren Sie im Plenum über Gründe, warum diese Unternehmen zu den attraktivsten Arbeitgebern gehören. Für welches Unternehmen würden Sie sich persönlich entscheiden? Argumentieren Sie anhand der Informationen, die Sie im Rahmen der Präsentationen erfahren haben.

Aufgabe 3

Schauen Sie sich im Internet oder in den Zeitungen die Stellenagebote der führenden Arbeitgeber der Slowakei oder Ihres Landes an und fassen Sie zusammen, welche Forderungen an die Bewerber gestellt werden. Klassifizieren Sie die Forderungen auch nach den Kompetenzarten, die Sie in der Lektion 4 kennen gelernt haben.

Aufgabe 4

Lesen Sie den Text über interne und externe Personalbeschaffung. Charakterisieren Sie anschließend beide Beschaffungsarten und vergleichen Sie ihre Vor- und Nachteile.

Die Mitarbeiter werden in vielen Unternehmen als wichtigste Ressource angesehen und stellen damit einen unschlagbaren Wettbewerbsvorteil gegenüber der Konkurrenz dar. Aufgrund dessen kommt bereits der Personalbeschaffung eine zentrale Rolle zu. In der Regel wird bei der Personalbeschaffung nach interner und externer Personalbeschaffung unterschieden. Bei der internen Personalbeschaffung wird eine freie Stelle mit einem Mitarbeiter besetzt, welcher bereits im Unternehmen beschäftigt ist. Demgegenüber wird die freie Stelle bei der externen Personalbeschaffung mit einem neuen Mitarbeiter besetzt, der bislang noch nicht im Unternehmen gearbeitet hat. In der unternehmerischen Praxis hat sich größtenteils ein kombinierter Einsatz von beiden Beschaffungsarten etabliert, zumal sowohl die interne als auch die externe Personalbeschaffung Vor- und Nachteile mit sich bringen. So liefert die interne Personalbeschaffung zweifelsohne einen entscheidenden Vorteil in der drastischen Minimierung von Fehlbesetzungen, da die Fähigkeiten und Fertigkeiten der entsprechenden Mitarbeiter bereits weitläufig im Unternehmen bekannt und erfasst sind. Darüber hinaus kennt sich der Mitarbeiter bereits mit den Gepflogenheiten im Unternehmen aus. Nicht zu vernachlässigen ist auch der in der Regel doch eher geringe zeitliche Aufwand sowie die vergleichsweise geringen Kosten bei der Besetzung von offenen Stellen mit bereits im Unternehmen beschäftigten Mitarbeitern. Demgegenüber steht eine größere Auswahl an potenziellen Bewerbern auf eine Stelle bei der externen Personalbeschaffung. Zudem entfallen bei der externen Personalbeschaffung gegebenenfalls anfallende Kosten für Weiterbildungsmaßnahmen, da der neue Mitarbeiter direkt anhand der für die Stelle benötigten Qualifikationen ausgewählt werden kann. Einen weiteren positiven Effekt liefert die Möglichkeit, dass neue Mitarbeiter aus externen Bewerbungen neue – bislang noch nicht vorhandene – Impulse in das Unternehmen tragen können. Als besonders nachteilig bei der internen Personalbeschaffung erweist sich die Gefahr von Frustrations- oder auch Neidbildung im Falle einer Ablehnung von internen Bewerbern. Auf der anderen Seite kann es zu fehlender Akzeptanz kommen, wenn der ehemalige Kollege ferner als Vorgesetzter fungieren soll. Hinsichtlich der externen Personalbeschaffung sind speziell die relativ hohen Personalbeschaffungskosten sowie der hohe zeitliche Aufwand bei der Besetzung von offenen Stellen als Nachteile zu benennen. Außerdem kann es hierbei im schlimmsten Fall auch noch zu einem „bösen Erwachen" auf beiden Seiten kommen, indem sich herausstellt, dass die Persönlichkeit und das Arbeitsverhalten des neuen Mitarbeiters nicht den Erwartungen des Unternehmens entsprechen oder aber das Unternehmen nicht den Erwartungshaltungen des Mitarbeiters nachkommt. Die interne Personalbeschaffung erfolgt größtenteils durch eine betriebliche Stellenausschreibung sei dies im Intranet, der Werkszeitschrift oder auch dem schwarzen Brett des Unternehmens. In eher selteneren Fällen erfolgt die interne Personalbeschaffung auf den eigenen Wunsch des Mitarbeiters oder die direkte Ansprache des Mitarbeiters. Die externe Personalbeschaffung geschieht zumeist über Zeitungsannoncen, Internetstellenbörsen, Personalberater oder aber auch das Arbeitsamt. Daneben kann die externe Personalbeschaffung auch über Head-Hunter, Campus Recruiting oder auch Messen erfolgen. Im Zuge der internen Personalbeschaffung kann eine geeignete HR Software den Identifikationsprozess von geeigneten Mitarbeitern im Unternehmen signifikant vereinfachen.

Aufgabe 5

Erarbeiten Sie anhand des Textes den Wortschatz zum Wortfeld Personalbeschaffung. Übersetzen Sie die Wörter in Ihre Muttersprache. Erweitern Sie das Wortfeld um weitere Begriffe.

Aufgabe 6

Lesen Sie den Text über „Zeitarbeit" und erklären Sie das Dreieckverhältnis zwischen dem Zeitarbeitnehmer, Zeitarbeitsunternehmen und Kundenunternehmen.

Zeitarbeit ist eine Beschäftigungsform, die Unternehmen hilft, flexibel zu bleiben und schnell auf verschiedene wirtschaftliche Herausforderungen zu reagieren. Die Zeitarbeitnehmer profitieren, weil sie einen schnellen Einstieg in den Arbeitsmarkt finden, ihre Kenntnisse erweitern und ihre beruflichen Chancen verbessern. Sie arbeiten immer da, wo sie dank ihrer Qualifikationen wirklich gebraucht werden. Zeitarbeitnehmer sind beim Zeitarbeitsunternehmen angestellt und werden auch von diesem bezahlt. Sie arbeiten jedoch in einem anderen Betrieb – dem Kundenunternehmen. Das Kundenunternehmen hat einen Vertrag mit dem Zeitarbeitsunternehmen über eine „Arbeitnehmerüberlassung". Diese Konstellation wird als Dreiecksverhältnis bezeichnet. Zeitarbeitnehmer sind bei ihrer Zeitarbeitsfirma angestellt, haben einen Tarifvertrag, ein sozialversicherungspflichtiges Beschäftigungsverhältnis, Anspruch auf Lohnfortzahlung im Krankheitsfall und auf Urlaub. Die Zeitarbeitsfirma sucht für die Zeitarbeitnehmer passende Einsatz- und Arbeitsorte, sorgt für ihre Qualifizierung und Weiterbildung und vermittelt sie oftmals sogar in eine Festanstellung beim Kundenunternehmen. Zeitarbeitnehmer arbeiten bei Unternehmen aus allen wichtigen Wirtschaftszweigen in Deutschland: zum Beispiel bei der Metall- und Elektroindustrie, der Dienstleistungsbranche oder dem verarbeitenden Gewerbe.

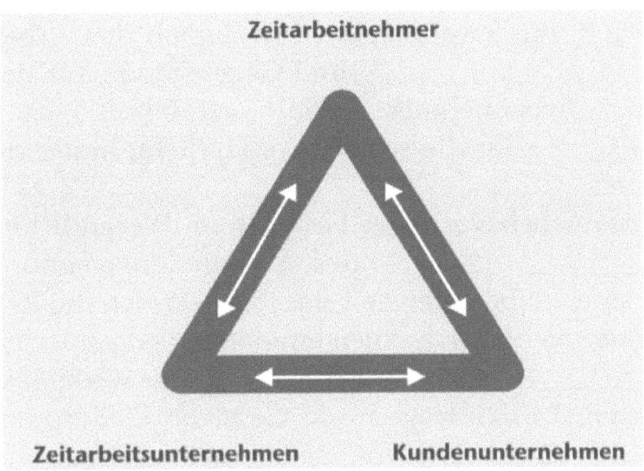

Aufgabe 7

Diskutieren Sie über die möglichen Vor- und Nachteile der Zeitarbeit.

Aufgabe 8

Schauen Sie sich Informationen zum aktuellen Stand der Zeitarbeit in Deutschland an. Z. B. die Internetseite des Bundesarbeitgeberverbandes der Personaldienstleister (www.personaldienstleister.de) oder den Zeitarbeitsindex des Instituts für Wirtschaft Köln. Finden Sie auch entsprechende Statistiken und interpretieren Sie diese. Vergleichen Sie den Status der Zeitarbeit in Deutschland und in Ihrem Heimatland.

Arbeitsleistung ◆ **Arbeitsrecht** ◆ **Arbeitsverhältnis** ◆ **Vergütung** ◆ **Arbeitsvertrag**
Beendigung des Arbeitsverhältnisses ◆ **Beschäftigungspflicht** ◆ **abhängige Tätigkeit**
Kollektivarbeitsrecht ◆ **Produktionsmittel** ◆ **Zustandekommen eines Arbeitsverhältnisses**

Ein Arbeitsverhältnis ist die rechtliche und auch soziale Wechselbeziehung zwischen einem Arbeitgeber und einem Arbeitnehmer bzw. Arbeiter. Es bestehen arbeitsrechtlich keine wesentlichen Unterschiede zwischen einem Arbeitnehmer und einem Arbeiter. Arbeitgeber und Arbeitnehmer schließen einen privatrechtlichen Vertrag ab, mit dem Ziel, ein _________________________ zustande zu bringen, den sogenannten Arbeitsvertrag. In Deutschland versteht man unter einem _________________________ eine spezielle Form eines Dienstvertrags. Ein Dienstvertrag im Sinne des bürgerlichen Gesetzbuches ist damit gegenüber dem Arbeitsvertrag der weitere Begriff und erfasst auch freie Mitarbeiterverträge und sonstige Honorarverträge, die gerade keine Arbeitsverträge sind.

In einem Arbeitsverhältnis besteht die wichtigste Verpflichtung des Arbeitgebers darin, dem Arbeitnehmer/Arbeiter die vereinbarte _________________________ bzw. den Lohn bzw. das Gehalt zum vereinbarten Zeitpunkt zu zahlen. Für den Arbeitnehmer besteht in erster Linie die Pflicht, die vereinbarte _________________________ im Betrieb des Arbeitgebers zu erbringen. Des Weiteren bestehen für beide Seiten zahlreiche weitere Haupt- und Nebenpflichten: für den Arbeitnehmer z.B. die Sorgfaltspflicht bezüglich der Arbeitsunterlagen und der betrieblichen _________________________ und Gegenstände, für den Arbeitgeber z.B. die Hauptverpflichtung, den Arbeitnehmer wie vereinbart zu beschäftigen, die _________________________ oder die sog. Fürsorgepflicht, hinter der sich zahlreiche weitere Nebenpflichten verbergen.

Das Ziel und der Zweck eines Arbeitsvertrages bestehen im Wesentlichen darin, die weisungsgebundene, _________________________ des Arbeitnehmers und die Verpflichtung des Arbeitgebers, diese zu vergüten, zu be- oder umschreiben. Da sich die Rechte und Pflichten von Arbeitgeber und Arbeitnehmer nicht durch einen einmaligen Austausch erledigt haben, spricht das _________________________ formal-rechtlich von einem sog. Dauerschuldverhältnis.

Die in Betriebsvereinbarungen, Tarifverträgen und Gesetzen niedergeschriebenen zahlreichen arbeitsrechtlichen Regelungen bilden den von den Arbeitsvertragsparteien zu beachtenden rechtlichen Hintergrund eines Vertrages über ein Arbeitsverhältnis dar. Bereits vor und beim _________________________ sind diese Regelungen für die Parteien wirksam und müssen vielfach als zwingendes Recht beachtet werden. Häufig müssen diese Regelungen auch noch nach _________________________ beachtet werden.

Unter dem Begriff des Arbeitsrechts versteht man nicht nur die individuellen Regeln in den Arbeitsverträgen, sondern auch die allgemeinen und kollektiven Regeln zwischen anderen Vertragspartnern bzw. von anderen Gesetz- bzw. Verordnungsgebern (Tarifvertrag, Betriebsvereinbarung, Verordnungen, Gesetze). Demnach unterscheidet man im Arbeitsverhältnis bzw. Arbeitsrecht generell zwischen Individual- und _________________________. Das individuelle Arbeitsrecht regelt die direkten Belange zwischen den beiden Vertragsparteien, also Arbeitnehmer und Arbeitgeber, wohingegen das kollektive Arbeitsrecht alles regelt, was das Verhältnis zwischen Arbeitnehmervertretungen und Arbeitgeberverbänden oder Betriebsräten und Geschäftsführung eines Arbeitgebers berührt.

Aufgabe 10

Lesen Sie folgenden Text oder finden Sie einen anderen Text über Rechte und Pflichten der Arbeitnehmer in Ihrer Muttersprache. Vergleichen Sie die Terminologie dieses Textes mit dem Text aus der Aufgabe 9, indem Sie eine Wortliste mit Äquivalenten aus der anderen Sprache zusammenstellen.

Zamestnávateľ je odo dňa vzniku pracovného pomeru povinný prideľovať zamestnancovi prácu podľa pracovnej zmluvy, platiť dohodnutú mzdu a vytvárať vhodné pracovné podmienky. Zamestnanec je povinný podľa pokynov zamestnávateľa vykonávať práce dohodnuté v pracovnej zmluve osobne, v určenom pracovnom čase a dodržiavať pracovnú disciplínu a plniť pokyny zamestnávateľa. Zamestnanec musí byť riadne oboznámený s vnútornými predpismi zamestnávateľa na zaistenie bezpečnosti a ochrany zdravia pri práci, s protipožiarnymi predpismi, s ustanoveniami upravujúcimi zákaz diskriminácie, s právami a povinnosťami zamestnanca, s pracovnými podmienkami, pracovným poriadkom a organizačnou štruktúrou zamestnávateľa, vnútroorganizačnými normami zamestnávateľa ako aj s inými skutočnosťami, nevyhnutnými pre riadny výkon jeho práce. Zamestnanec je povinný hospodáriť riadne s prostriedkami zamestnávateľa, ktoré mu zveril zamestnávateľ, chrániť jeho majetok pred poškodením, stratou, zničením, zneužitím, odcudzením a nekonať v rozpore s oprávnenými záujmami zamestnávateľa. V deň skončenia pracovného pomeru je zamestnanec povinný odovzdať zamestnávateľovi všetky dokumenty, ktoré patria alebo majú nejaký vzťah k činnosti zamestnávateľa a ktoré má priamo alebo nepriamo pod kontrolou. V deň skončenia pracovného pomeru je zamestnanec povinný odovzdať zamestnávateľovi všetky jemu zverené pracovné prostriedky a zverený majetok zamestnávateľa.

Aufgabe 11

Übersetzen Sie den Text aus der Aufgabe 10 ins Deutsche.

Aufgabe 12

Informieren Sie sich, ob und wie folgende Aspekte des Arbeitsverhältnisses in Ihrem Land gesetzlich geregelt werden. Berichten Sie darüber in Kleingruppen.

- **Arbeitsinhalte**
- **Arbeitszeit und Arbeitsort**
- **Befristung des Arbeitsvertrags**
- **Gehalt**
- **Geheimhaltungspflicht**
- **Kündigung**
- **Nebentätigkeit**
- **Probezeit und Urlaub**

Aufgabe 13

Lesen Sie den Text auf der folgenden Seite über übliche Regelungen in einem deutschen Arbeitsvertrag. Ordnen Sie jedem Abschnitt den entsprechenden Aspekt aus der Aufgabe 12 zu. Vergleichen Sie anschließend die Regelungen Ihres Landes mit den Regelungen in Deutschland.

Entscheiden sich Arbeitgeber für einen zeitlich begrenzten Arbeitsvertrag, muss in diesem das Ende der Arbeitszeit festgehalten werden. Außerdem ist bei Beendigung des Arbeitsverhältnisses keine Kündigung nötig. Auch das muss allerdings im Arbeitsvertrag stehen.

Hat ein Unternehmen mehrere Zweigstellen, muss die genaue Zweigstelle oder die Filiale, in der man den jeweiligen Mitarbeiter einsetzen möchte, angegeben werden. Gibt es nur einen Standort, reicht es meist, dass im Kopf des Arbeitsvertrages die Adresse des Unternehmens angegeben ist. Die Arbeitszeiten der eigenen Mitarbeiter sind durch das sogenannte Arbeitszeitgesetz geregelt. In Deutschland gilt die 40 Stunden Woche als Regel. Ausnahmen gibt es natürlich zahlreiche, da nicht alle Vollzeit, andere im Schichtdienst arbeiten. Sind Überstunden nicht im Arbeitsvertrag erwähnt, darf der Arbeitgeber diese nicht von seinen Mitarbeitern verlangen.

Die Höhe des Gehalts sollte in jedem Fall im Arbeitsvertrag stehen. Dazu zählen sowohl das Grundentgelt als auch mögliche Zuschläge und Sonderzahlungen. Zuschläge können ausgezahlt werden, wenn Überstunden bestehen. Zu den Sonderzahlungen zählt zum Beispiel das Weihnachtsgeld oder auch das Urlaubsgeld. Ebenfalls festgehalten werden sollte, zu welchem Zeitpunkt das Gehalt monatlich ausgezahlt wird.

Nebentätigkeiten sind Ihnen prinzipiell erlaubt, sofern Ihre tägliche Arbeitszeit dadurch 10 Stunden nicht überschreitet, Ihre Leistung dadurch nicht beeinträchtigt wird und keine Interessen- oder Pflichtkollision entsteht. Unzulässig ist es also, wenn Sie als Angestellter einer Versicherung nebenberuflich auch Versicherungen makeln oder Ihren Job als Paketfahrer nicht aufgeben möchten, obwohl Sie gerade bei einem Mitbewerber anheuern. Generell gilt: Lassen Sie sich jede Nebentätigkeit vorher schriftlich genehmigen! Nur dann gibt es hinterher nämlich keinen Ärger.

In einem ersten Punkte im Arbeitsvertrag sollte festgelegt sein, welche Aufgaben der Arbeitnehmer zu leisten hat. Arbeitgeber sollten dabei wissen, dass eine besonders genaue Beschreibung der späteren Tätigkeit zur Folge haben kann, dass man den jeweiligen Mitarbeiter für keine anderen Aufgaben mehr einsetzen darf.

Die Dauer der Probezeit ist im Arbeitsvertrag festzuhalten. Diese darf laut Gesetz höchstens sechs Monate betragen. Häufig wird jedoch eine Probezeit von nur drei Monaten im Arbeitsvertrag festgehalten. Auf Urlaub haben Arbeitnehmer einen Anspruch von mindestens 24 Tagen bei einer 6-Tage-Woche. Ist bei einem Arbeitsverhältnis eine 5-Tage-Woche vereinbart, stehen dem Arbeitnehmer mindestens 20 Tage Urlaub zu. Insgesamt kommt man im Jahr also immer auf rund vier Wochen Urlaub. Der Urlaubsanspruch sollte im Arbeitsvertrag ebenfalls festgehalten werden.

In der Regel gibt es eine Kündigungsfrist von vier Wochen zum 15. eines Monats oder eben zum Monatsende. In Unternehmen mit höchstens 20 Mitarbeitern muss der Endtermin nicht so genau eingehalten werden. Nach zwei Jahren Tätigkeit in einem Unternehmen verlängert sich die Kündigungsfrist.

Betriebsinterna sind geheim – immer. Werden die Geheimhaltungspflichten allerdings zu weit ausgedehnt, können sie Ihnen beim Wechsel Nachteile bringen: etwa, wenn Sie erlernte Fertigkeiten nicht bei einem anderen Unternehmen einsetzen dürfen. Außerdem sollten Sie vorsichtig sein, wenn Sie unterschreiben sollen, innerhalb bestimmter Zeiten nach Beendigung des Arbeitsverhältnisses nicht bei einem Konkurrenten anzuheuern. Tun Sie es trotzdem, droht Ihnen eine Regressforderung.

Aufgabe 14

Lesen Sie den Text über Tarifverträge und beantworten Sie folgende Fragen:

1. Welche Arten der Tarifverträge werden erwähnt?
2. Was versteht man unter Günstigkeitsprinzip?
3. Was stellt der normative und schuldrechtliche Teil des Tarifvertrags dar?
4. Was ist das Industrieverbandsprinzip?
5. Was unterscheidet Berufsverbände von Gewerkschaften?

Arbeits- und Einkommensbedingungen der großen Mehrheit der abhängig Beschäftigten werden in der BRD durch Tarifverträge geregelt. In Deutschland handeln üblicherweise nicht einzelne Arbeitnehmer mit den Unternehmern die Löhne aus, sondern Gewerkschaften und Arbeitgeberverbände. Tarifverträge dienen dazu, die Arbeitsbedingungen zwischen den Vertragspartnern „Arbeitgeber" und „Arbeitnehmer" zu regeln. Neben einer Übernahme der durch die Tarifpartner ausgehandelten Tarifverträge haben Unternehmen, die keinem Arbeitgeberverband angehören, die Möglichkeit, spezielle Firmentarifverträge mit den Gewerkschaften abzuschließen. Ebenso können sie mit ihren Arbeitnehmern individuelle Regelungen auf einzelvertraglicher Basis aushandeln. Eine abweichende Regelung vom Tarifvertrag ist nur zulässig, wenn sie sich zu Gunsten des Arbeitnehmers auswirkt, z.B. durch eine höhere Lohnsumme (Günstigkeitsprinzip). Damit stellt der Tarifvertrag für die Arbeitnehmer faktisch eine Mindestsicherung dar. Die Tarifverträge gelten entsprechend der industriellen Organisation der Tarifpartner nach ganzen Wirtschaftsbereichen und Regionen (Flächentarifvertrag). Dazu kommen noch langfristig geltende Manteltarifverträge, die allgemeine Arbeitsbedingungen regeln oder Lohnstrukturen festlegen. Tarifverträge bestehen aus einem normativen und einem schuldrechtlichen Teil. Der normative Teil besagt, dass die in den Tarifverträgen niedergelegten Normen unmittelbar und zwingend für alle Arbeitnehmer gelten, die unter den zeitlichen (Laufdauer), räumlichen (Gebiet), betrieblichen (Industriezweig), fachlichen (Beruf) und persönlichen (Arbeiter, Angestellte) Geltungsbereich fallen. Ungünstigere Regelungen in individuellen Verträgen sind also unwirksam. Der schuldrechtliche Teil enthält die Durchführungspflicht, die den Tarifparteien gebietet, zur Vertragserfüllung auf ihre Mitglieder einzuwirken, und die sogenannte Friedenspflicht, die es den Tarifvertragsparteien verbietet, während der Laufzeit des Vertrages im Hinblick auf eine im Vertrag normativ geregelte Angelegenheit einen Arbeitskampf vorzubereiten, einzuleiten oder durchzuführen (negative Friedenspflicht). Die Gewerkschaften in der Bundesrepublik, soweit sie dem Deutschen Gewerkschaftsbund (DGB) angehören, sind im Wesentlichen nach dem sog. Industrieverbandsprinzip organisiert. Die Zuständigkeit einer Gewerkschaft für einen bestimmten Arbeitnehmer richtet sich nicht nach dem von ihm ausgeübten Beruf, sondern nach dem Wirtschaftszweig seines Unternehmens. Für bestimmte Gruppen von Arbeitnehmern ist es attraktiver geworden, ihre spezifischen Interessen selbständig zu vertreten. In strategischer Hinsicht besteht das Ziel der Berufsverbände im Abschluss eigenständiger Tarifverträge für ihre Klientel. Gemeinsames Merkmal der Berufsverbände ist, dass sie nicht dem Deutschen Gewerkschaftsbund angehören. Dadurch wird die Konkurrenz zu dessen Mitgliedsorganisationen manifestiert.

Aufgabe 15

Viele Arbeitnehmerverbände sind in größeren Dachorganisationen vereint. In Deutschland ist es z. B. Deutscher Gewerkschaftsbund (DGB) und in der Slowakei die Konföderation der Gewerkschaftsverbände (KOZ). Vergleichen Sie die Geschichte, Struktur, Organisation und Tätigkeit des DGB mi einer ähnlichen Organisation aus ihrem Heimatland, Österreich oder der Schweiz.

Aufgabe 16

Ergänzen Sie den Text mit Hilfe der unten stehenden Grafik.

Tarifverträge werden für eine bestimmte Laufzeit festgelegt, weshalb sie neu ausgehandelt werden müssen, wenn die festgelegte Zeit abgelaufen ist. Ist ein Tarifvertrag abgelaufen, treffen sich beider Vertragspartner und versuchen in einer _________________ Kompromisse für ihre Forderungen zu finden. Können sich beide Parteien einigen, entsteht ein neuer _______________. Sofern die Verhandlungen scheitern und kein neuer Vertrag entsteht, wird ein _________________ eingeleitet. Es besteht aus Vertretern beider Tarifpartner und einem neutralen _________________, welcher von beiden Parteien akzeptiert werden muss. Sollte die Schlichtung ebenfalls ohne Erfolg verlaufen, ist die Friedenspflicht beendet und die Gewerkschaftsmitglieder werden zu der sogenannten _________________ gebeten. Dabei wird abgestimmt, ob ein _________________ stattfinden soll oder nicht. Wenn 75% der abgegebenen Stimmen dafür sind, darf er ausgeführt werden. Sobald die Arbeitnehmer streiken, dürfen die Arbeitgeber mit Gegenmaßnahmen wie _________________ reagieren. Gleichzeitig treffen sich beide Parteien erneut, um weiterhin einen Kompromiss zu finden. Verläuft das Ergebnis positiv, entsteht ein neuer _________________ und die Arbeitskampfmaßnahmen werden eingestellt. Im Fall eines erneuten Scheiterns wird wieder eine Urabstimmung eingeleitet und weitere Verhandlungen finden statt, bis ein Tarifvertrag ausgehandelt werden kann.

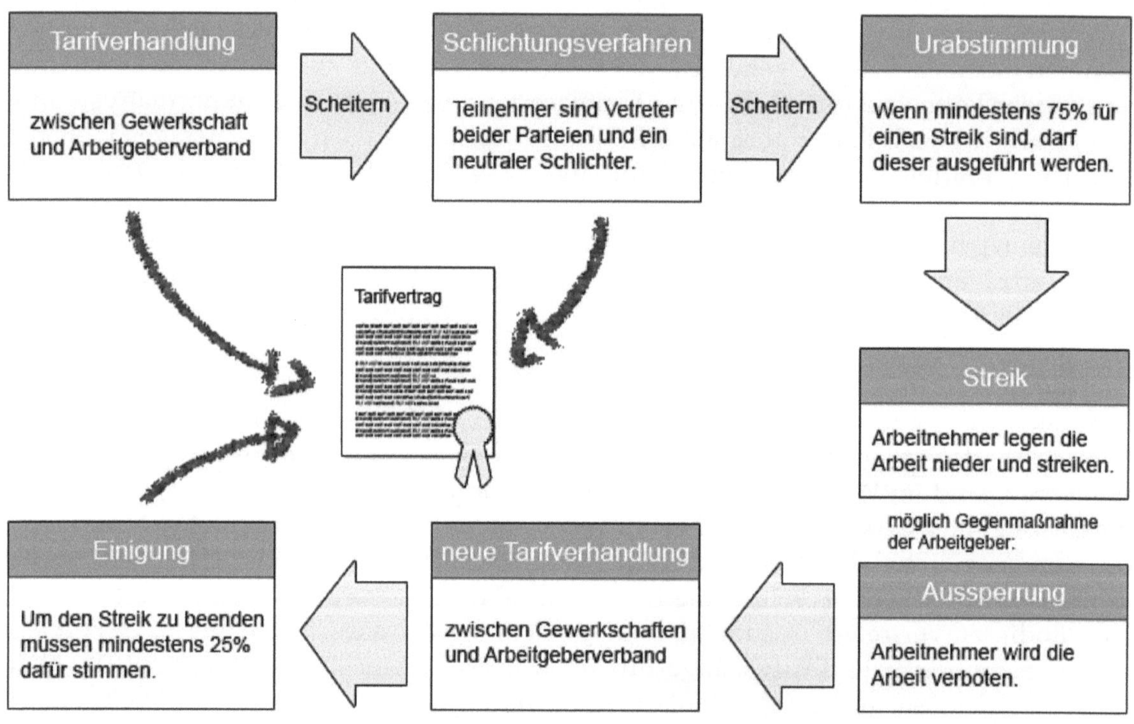

Aufgabe 17

Erklären Sie anhand der Grafik den Prozess der Tarifverhandlungen. Finden Sie aktuelle Beispiele für verlaufende oder abgeschlossene Tarifverhandlungen und Aktivitäten der Gewerkschaften in Deutschland oder in einem anderen Land. Stellen Sie die Beispiele vor und äußern Sie Ihre Meinung zu der Situation.

Aufgabe 18

Die Arbeitskampfmaßnahmen können unterschiedliche Formen haben. Ordnen Sie den einzelnen Definitionen die passenden Begriffe zu.

Es ist die Maßnahme der Arbeitnehmer. Die Arbeit wird niedergelegt, wodurch dem Arbeitgeber zusätzliche Kosten entstehen. Durch die daraus folgenden Verluste hoffen die Arbeitnehmer ihre Forderungen besser durchsetzten zu können. Voraussetzung für diese Maßnahme ist die Urabstimmung.

Dieser Streik legt die gesamte Wirtschaft lahm, alle Arbeitnehmer sind beteiligt. Er ist meist politisch begründet und kommt sehr selten.

Dieser Streik findet statt, wenn Arbeitnehmer ohne Urabstimmung die Arbeit niederlegen. Ein derartiges Verhalten der Arbeitnehmer kann mit einer fristlosen Kündigung bestraft werden.

Bei diesem Streik schließen sich Arbeitnehmer anderer Wirtschaftszweige dem Streik an und zeigen so ihre Solidarität.

Der Streik betrifft nur die zentralen Betriebe eines Wirtschaftzweiges. Dadurch, dass andere Betriebe auf die Leistungen der bestreikten Betriebe angewiesen sind, hat dieser Streik eine große Wirkung.

Bei diesem Streik wird die Arbeit nur für kurze Zeit unterbrochen, um die Streikbereitschaft zu zeigen. Die Dauer kann von Minuten bis Stunden gehen.

Diese Maßnahme ist das Kampfmittel der Arbeitgeber. Dabei werden die Arbeitnehmer von der Arbeit ausgeschlossen und erhalten in der Zeit keinen Lohn.

Dieser Streik betrifft einen ganzen Wirtschaftszweig, wie zum Beispiel die Druckindustrie. Unternehmen die in indirekter Verbindung mit dem Wirtschaftszweig verbunden sind, betrifft der Streik ebenfalls durch beispielsweise Lieferverzug.

Aussperrung

Generalstreik

Schwerpunktstreik

Streik

Sympathiestreik

totaler Streik (Flächenstreik)

Warnstreik

Wilder Streik

Aufgabe 19

Übersetzen Sie die Definitionen aus der Aufgabe 18 in Ihre Muttersprache.

Notizen und Vokabeln

Aufgabe 1

Diskutieren Sie in Kleingruppen, was Sie unter sozialer Verantwortung der Unternehmen verstehen, warum und ob ein Unternehmen soziale Verantwortung übernehmen sollte, was diese Verantwortung betreffen soll und wie man sie realisieren könnte.

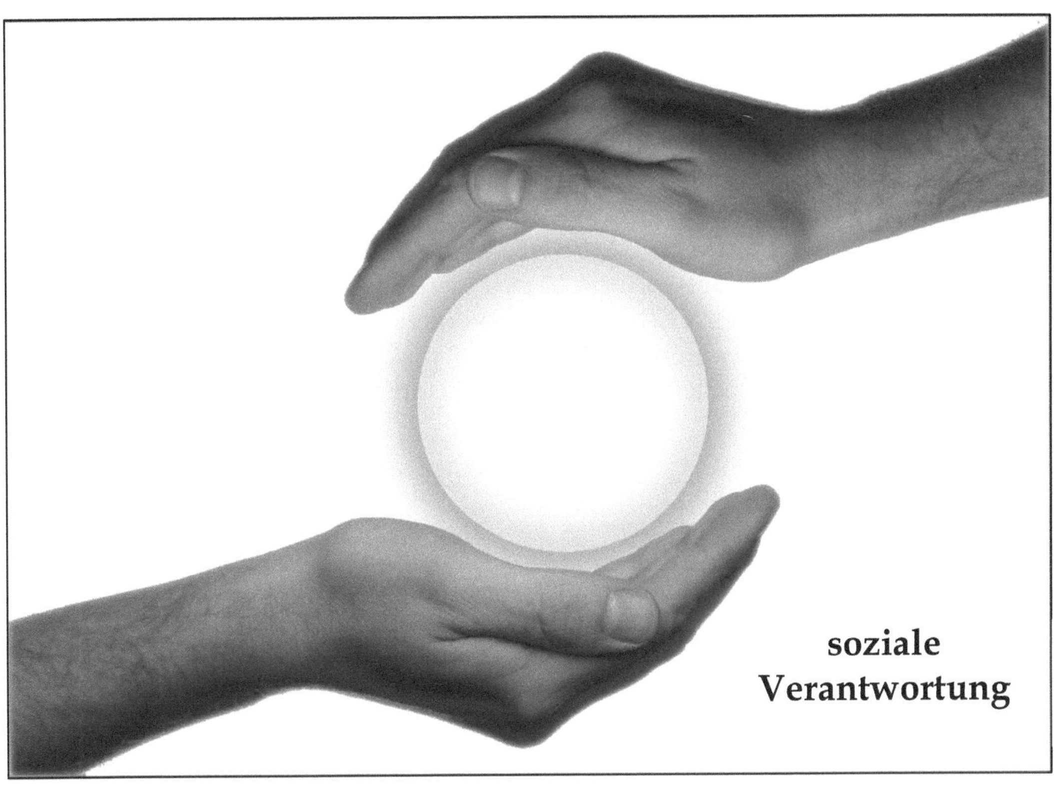

Aufgabe 2

Lesen Sie den Text über Corporate Social Responsibility und erklären Sie, was dieser Begriff umfasst. Welche Stichpunkte aus Ihrer Diskussion kommen im Text vor?

Bei Corporate Social Responsibility (CSR) geht es um Unternehmen sowie andere Organisationen und Institutionen, die freiwillig gesellschaftliche Verantwortung übernehmen – und zwar über ihre rechtlichen Pflichten hinaus. Die Europäische Union definiert CSR als ein System, das den Unternehmen als Grundlage dient, auf freiwilliger Basis soziale Belange und Umweltbelange in ihre Unternehmenstätigkeit und in die Wechselbeziehungen mit den Stakeholdern zu integrieren. Dies bedeutet nach Ansicht der EU nicht nur, die gesetzlichen Bestimmungen einzuhalten, sondern über die bloße Gesetzeskonformität hinaus mehr zu investieren in Humankapital, in die Umwelt und in die Beziehungen zu anderen Stakeholdern. Für freiwilliges Engagement zum Nutzen aller ist ein Zusammenspiel zwischen Wirtschaft, Gesellschaft und Politik wichtig. Gesellschaftliche Verantwortung von Unternehmen steht für dieses Zusammenspiel und ist eine moderne Form der sozialen Marktwirtschaft. Es geht um die Verantwortung der Unternehmen für die Gesellschaft und die Umwelt, in der und mit der sie wirtschaften. CSR ersetzt nicht politisches Handeln und Gesetzgebung, bietet aber die Chance, weitergehende gesellschaftliche Ziele zu verfolgen und Standards zu setzen. Die Forderung eines Unternehmens an seine Zulieferer aus Entwicklungsländern, dass ihre Produkte ausschließlich ohne Kinderarbeit hergestellt werden, ist nur ein Beispiel. Politik hat die Aufgabe, Unternehmen bei ihren CSR-Aktivitäten zu unterstützen und die Gesellschaft zu ermutigen, mehr Verbindlichkeit von der Wirtschaft zu verlangen. Es bedeutet z. B. mehr auszubilden, als für den eigenen Betrieb nötig. Jungen Menschen, die Schwierigkeiten haben, eine Chance zu geben. Unternehmen, die Beiträge zu einer starken, solidarischen und vitalen Gesellschaft leisten, fördern ein Umfeld, in dem sie erfolgreich wirtschaften können. Verantwortliches unternehmerisches Handeln stärkt die soziale und ökologische Dimension der Globalisierung. Verlässliche Unternehmenswerte steigern die nationale und internationale Wettbewerbsfähigkeit kleiner und großer Unternehmen und fördern die Solidarität in unserer Gesellschaft. Das verantwortungsbewusste Handeln von Unternehmen soll auch für die Verbraucherinnen und Verbraucher sichtbarer werden. Verantwortung übernehmen bedeutet, darauf zu achten, dass am Produktionsstandort keine Schadstoffe austreten und die Umwelt nicht verschmutzt wird. Es bedeutet, Mitarbeiterinnen und Mitarbeiter zu achten. Nicht gleich eine Kündigung auszusprechen, auch wenn es rechtlich möglich wäre – sondern alternative Lösungen zu suchen. Es bedeutet zum Beispiel, einen Betriebskindergarten und flexible Arbeitszeitmodelle zur besseren Vereinbarkeit von Familie und Beruf anzubieten. Verantwortung freiwillig zu übernehmen ist eine Möglichkeit, die Globalisierung sozial zu gestalten. CSR stärkt die Wettbewerbsfähigkeit der Unternehmen. Die Unternehmen können CSR dazu nutzen, ihr Umfeld positiv zu gestalten. Risiken vermeiden und Chancen schaffen: so wird CSR zu einem Teil der Unternehmensstrategie.

Aufgabe 3

Die soziale Verantwortung der Unternehmen hat eine interne und externe Dimension. Bei der internen Dimension geht es um die Verantwortung des Unternehmens nach innen, gegenüber den Mitarbeitern, bei der externen Dimension steht die Verantwortung gegenüber der Unternehmensumwelt im Vordergrund. Sortieren Sie die Beispiele aus dem Text der Aufgabe 2 nach diesen zwei Aspekten.

CSR – interne Dimension	**CSR – externe Dimension**

Aufgabe 4

Vergleichen Sie die Definitionen des Begriffes Stakeholder im Deutschen und im Slowakischen, bzw. in Ihrer Muttersprache. Stellen Sie eine Liste der Wörter und Begriffe zusammen, die in beiden Definitionen zu finden sind.

Pojem stakeholders označuje všetky osoby, skupiny alebo organizácie, ktoré majú vplyv na fungovanie firmy, alebo ich aktivity ju spätne ovplyvňujú. Na Slovensku sa tiež zvykne používať pomenovanie „zainteresované subjekty", lebo ide o nejakým spôsobom zainteresované skupiny ľudí, prípadne ide o jednotlivcov. Medzi zainteresované subjekty patria vlastníci, akcionári, investori, zamestnanci, spotrebitelia, dodávatelia a obchodní partneri, konkurencia, vláda, miestna samospráva, mimovládne organizácie a nátlakové skupiny, komunity a médiá. Každý z týchto zainteresovaných subjektov akýmsi spôsobom ovplyvňuje podnikanie firmy. Zisťovanie očakávaní zainteresovaných skupín sa začína dialógom. Takýto dialóg pri zodpovednom prístupe má prevažne dobré výsledky. Výsledkom takejto spolupráce môže byť posilnenie vzájomnej dôvery, identifikovanie a riešenie problémov, dlhodobé poradenstvo medzi súkromným, verejným a neziskovým sektorom, vzájomná motivácia a šírenie dobrých príkladov.

STAKEHOLDER

STAKEHOLDER

Jedes Unternehmen wird von äußeren Kräften beeinflusst. Sie bilden das geschäftliche Umfeld des Unternehmens. Wer sich am Markt und gegenüber Wettbewerbern richtig positionieren will, muss dieses Umfeld und die dort wirksamen Einflusskräfte genau kennen und für seine Strategieplanung nutzen. Da diese Kräfte im Allgemeinen von Institutionen oder Personen ausgehen, lassen sich sogenannte Anspruchsgruppen identifizieren, die jeweils eigene Interessen verfolgen und dem entsprechend gegenüber dem Unternehmen auftreten. Sie versuchen die Handlungen eines Unternehmens und seiner Manager direkt oder indirekt zu beeinflussen und sie können selbst direkt oder indirekt von den Aktivitäten des Unternehmens beeinflusst sein. Ob die Ansprüche gerechtfertigt sind oder nicht – das Unternehmen sieht durch diese Kräfte seine Position am Markt beeinflusst und wird entsprechend agieren oder reagieren.

Aufgabe 5

Sprechen Sie in der Gruppe darüber, was Sie sich unter folgenden Begriffen im Zusammenhang mit Corporate Social Responsibility vorstellen oder was Sie mit diesen Begriffen assoziieren.

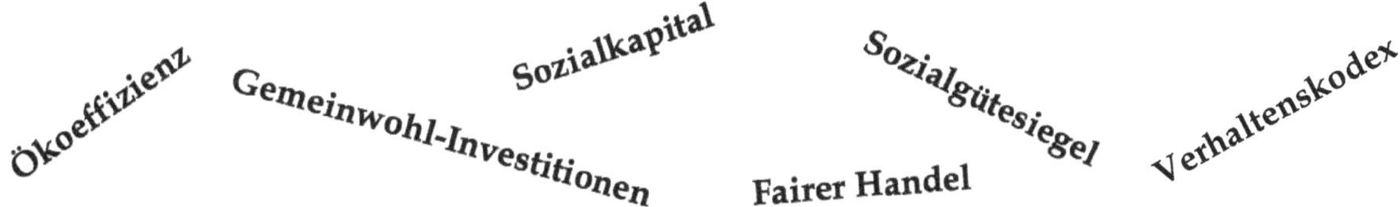

Aufgabe 6

Ordnen Sie jeder Definition einen passenden Begriff aus der Aufgabe 5 zu. Übersetzen Sie anschließend die Definitionen in Ihre Muttersprache.

Ein bestimmtes Anliegen oder eine bestimmte Tätigkeit durch Kapitalanlage unterstützen. Anders als bei Spenden gehen die Anleger bei ethisch motivierten Anlagen davon aus, dass Gelder zurückfließen, entweder durch Rückzahlung (bei Darlehen) oder Verkauf (bei Aktien).

Eine formelle Erklärung zu den Werten und Aktivitäten eines Unternehmens, vielfach auch dessen Zulieferer. Sie gibt Mindeststandards vor in Verbindung mit einer Verpflichtung des Unternehmens, diese Standards einzuhalten und auch von Vertragsunternehmen, Nachunternehmern, Zulieferern und Lizenznehmern deren Einhaltung zu verlangen. Sie können sehr komplex sein und die Einhaltung abgeleiteter Standards erfordern; vielfach sind auch die Durchführungsmechanismus kompliziert.

Bestand an gemeinsamen Wertvorstellungen und gegenseitigem Vertrauen in einer Gemeinschaft. Es stellt eine Voraussetzung für Zusammenarbeit und organisiertes menschliches Verhalten, einschließlich der Geschäftstätigkeiten dar. Es kann verändert werden, verloren gehen oder vermehrt werden, genau wie Finanzguthaben.

Definiert als Alternative zu herkömmlichen internationalen Geschäftsbeziehungen. Konkret handelt es sich um Geschäftspartnerschaften, die eine nachhaltige Entwicklung ausgegrenzter und benachteiligter Produzenten fördern. Dies geschieht durch bessere Verkaufs- oder Einkaufskonditionen, Sensibilisierung und Kampagnen. Die Kriterien sind von Produkt zu Produkt unterschiedlich; z. B. garantierte Preise, Vorfinanzierung und direkte Bezahlung der Erzeuger oder deren Genossenschaften.

Das Konzept, dass eine sinnvollere Ressourcennutzung die Umweltbelastung vermindert und Kosten senkt.

Textangaben und bildliche Angaben auf Produkten, die die Kaufentscheidungen der Verbraucher beeinflussen wollen durch Zusicherungen in Bezug auf die sozialen und ethischen Auswirkungen einer Geschäftstätigkeit auf andere Stakeholder.

Aufgabe 7

Folgende zwei Praxisbeispiele zeigen, wie die Unternehmen im Rahmen der internen Dimension sozial verantwortlich handeln können. Lesen Sie die Texte und identifizieren Sie den Fachwortschatz zum Wortfeld Beschäftigung bzw. Arbeitsrecht.

Jens Sgundek ist geschäftsführender Geschäftsführer der Firma Göcking Konstruktion GmbH in Oelde und selbst Vater von vier, zum Teil bereits erwachsenen Kindern. In dem 1968 gegründeten Unternehmen der Maschinenbranche hat ein Drittel der 85 Angestellten Kinder unter 18 Jahren. Beschäftigte mit Kindern im Vorschulalter erhalten einen 100-prozentigen Kinderbetreuungszuschuss. Die Arbeitszeit wird nicht zentral erfasst, jeder schreibt sie für sich auf. Das hat laut Jens Sgundek letzten Endes folgenden Vorteil: „Der Kontrollaufwand ist zwar höher als bei einer zentralen Zeiterfassung, aber die Eigenverantwortung der Beschäftigten wird gestärkt." Außerdem werden Gleitzeit, Home-Office und Teilzeit angeboten genauso wie eine individuelle Arbeitszeit-Regelung. Beispiel: Eine Arbeitnehmerin mit einem pflegebedürftigen Vater kann spontan ihren Arbeitsplatz verlassen, damit sie sich um ihn kümmern kann. Mehr habe sie bisher nicht eingefordert, aber wenn „sie statt 40 nur 20 Stunden arbeiten möchte, dann regeln wir das", sagt Marion Broks, die bei Göcking fürs Marketing zuständig ist. „Wir suchen immer nach individuellen Lösungen. Bei einer kurzen Phase der Arbeitszeit-Reduzierung könnte die Angestellte Überstunden ausgleichen oder Minusstunden aufbauen und die Stunden später nachholen. Bei einer längeren Phase könnte der Vertrag bei Bedarf verändert werden. Ein anderer Fall: Eine Auszubildende, deren Lebensgefährte erkrankte, bekam Sonderurlaub und die Möglichkeit ihren Arbeitsbeginn und -schluss sehr flexibel zu wählen. Der Betrieb klärte zudem mit der Berufsschule die Häufung der Fehltage. Und einem anderen in einer Notlage wurde ein zinsloses Darlehen angeboten.

Firma Amexus hat aktuell 35 Beschäftigte – davon sind mehr als 90 Prozent Männer. In der jungen Belegschaft, die jetzt in das Alter der Familiengründung kommt oder schon Kinder hat, haben sich lange Arbeitszeiten eingebürgert. Häufig wird auch am späten Abend oder Wochenende gearbeitet, wenn die Kunden ihre Computer nicht benötigen. Bei einer Mitarbeiterbefragung wurde festgestellt, dass der Wunsch nach räumlicher und zeitlicher Flexibilisierung der Arbeit groß war. Rund 80 Prozent beschrieben Familie und Beruf als Doppelbelastung. Im Bewusstsein, die Fachkräfte halten zu wollen, handelte Amexus: Jetzt können Väter zum Beispiel das Kind mittags vom Kindergarten abholen und die Zeit dafür am Abend oder nächsten Tag drauflegen. Familienfreundliche Urlaubsplanung ist eine Selbstverständlichkeit. Einige Beschäftigte arbeiten mittlerweile ganz oder teilweise vom Home-Office aus. „Wir versuchen aber, dass die Home-Office-Arbeiter mindestens einmal die Woche in den Betrieb kommen, um den Kontakt intensiv zu halten", erklärt Stefan Nacke, einer der drei Geschäftsführer. Da im Zuge der Home-Office-Einführung die Tür-und-Angel-Gespräche wegfallen, bestehe die Gefahr, dass die innerbetriebliche Kommunikation leide. „Um gegenzusteuern, haben wir ein Computersystem eingeführt, das jedem zeigt, wer gerade arbeitet. Dann können die Mitarbeiter miteinander chatten und Video-konferenzen aufbauen", so Nacke. Geplant ist zudem die Einführung eines E-Learning-Portals, auf dem Schulungen für eine bessere Work-Life-Balance angeboten werden. Themen wie Zeitmanagement oder Gesundheitsförderung sollen aufgegriffen werden: „Denn unsere Befragung hatte auch ergeben, dass die Doppelbelastung zu Stress führt, was die Effektivität der Arbeitskraft herunterschraubt." Insofern lasse sich Gesundheitsförderung nicht von Familie und Beruf trennen, sagt Nacke. Das Unternehmen profitiert in erster Linie von einer größeren Zufriedenheit der Arbeitnehmer. Vor dem Hintergrund des Fachkräftemangels sieht Stefan Nacke seine Firma gut aufgestellt, denn die Bindung ans Unternehmen sei gewachsen. Die Ergebnisse des Projektes werden auch anderen Firmen zugänglich gemacht.

Aufgabe 8

In dem Dokument „Grünbuch - Europäische Rahmenbedingungen für die soziale Verantwortung der Unternehmen" unterscheidet die Europäische Kommission insgesamt 8 interne und externe Dimensionen der CSR. Lesen Sie in Kleingruppen über diese einzelnen Dimensionen im „Grünbuch" und informieren Sie sich gegenseitig über die wichtigsten Stichpunkte des Dokuments. Die Texte der EU sind u. a. auf der Internetseite www.eur-lex.europa.eu frei zugänglich.

Soziale Verantwortung der Unternehmen	
interne Dimension	**externe Dimension**
<ul><li>Humanressourcenmanagement</li><li>Arbeitsschutz</li><li>Anpassung an den Wandel</li><li>Umweltauswirkungen und Bewirtschaftung der natürlichen Ressourcen</li></ul>	<ul><li>Lokale Gemeinschaften</li><li>Geschäftspartner, Zulieferer und Verbraucher</li><li>Menschenrechte</li><li>Globaler Umweltschutz</li></ul>

Aufgabe 9

Finden Sie im Internet oder in weiteren Medien Texte und Informationen darüber, wie deutsche, österreichische oder schweizerische Unternehmen die soziale Verantwortung in den unterschiedlichen Dimensionen in die Praxis umsetzen.
Inszenieren Sie anschließend eine Konferenz, an der die einzelnen CSR-Strategien, Ziele oder Erfolge präsentiert werden. Besetzen Sie bzw. auch die Rolle eines Moderators und der Dolmetscher, die die einzelnen Beiträge für das Publikum aus dem Deutschen in die Muttersprche übersetzen.

Aufgabe 10

Lesen Sie den Text über die soziale Verantwortung der Unternehmen in der Slowakei und fassen Sie anschließend die wichtigsten Inhalte des Textes auf Deutsch zusammen. Alternativ können Sie einen anderen Text über CSR in Ihrem Heimatland wählen.

Myšlienka spoločensky zodpovedného podnikania začala prenikať na Slovensko spolu s nadnárodnými korporáciami v 90-tych rokoch 20. storočia. Od polovice 90-tych rokov minulého storočia sa SZP venovali viaceré mimovládne organizácie. Najdôležitejšími sú Centrum pre filantropiu, o.z. PANET, Nadácia Integra, Nadácia Pontis, Inštitút pre ekonomické a sociálne reformy a Inštitút zamestnanosti. Každá z nich sa venuje len určitej téme, ktorá spadá pod široký pojem spoločensky zodpovedného podnikania.

V roku 2004 iniciovala nadácia Pontis vznik neformálneho združenia Business Leaders Fórum, ktoré združujú firmy hlásiace sa k princípom spoločensky zodpovedného podnikania.

Od roku 2005 je Inštitút zamestnanosti členom nadnárodnej spolupráce cema-net. V rámci tejto spolupráce sa venuje aj téme spoločensky zodpovedného podnikania.

Hlavný záujem malých aj veľkých firiem je vygenerovať zisk, nástrojom na dosiahnutie tohto prvotného cieľa je SZP. V prípade, že firmy okrem generovania zisku pridajú aj záujem o celkové fungovanie spoločnosti a životné prostredie, prinesú tak úžitok nielen firme, ale aj celej spoločnosti. Vďaka ich snahám a zveľaďovaniu spoločnosti a životného prostredia, si firmy zadovážia zvýšenie reputácie a produktivity práce zamestnancov a tým sa vygeneruje prvotný cieľ - finančný zisk. Sociálna zodpovednosť v sebe zahŕňa efektívny a zodpovedný prístup k zložkám investícií vyvíjaných pre spoločnosť, vzťahy so zamestnancami, kreativitu a trvalú udržateľnosť pracovných miest a záujem o životné prostredie.

Benefity, ktoré prináša firmám SZP:

- umožňuje manažovať riziká (zodpovedný prístup prejavujúci sa v manažovaní ľudských zdrojov, kontrola kvality produktov a environmentálnych štandardov môže firmu chrániť pred nákladnými súdnymi spormi a z toho vyplývajúce poškodenia firemného mena/značky),
- pomáha zvyšovať zisky (od zodpovedných firiem spotrebitelia radšej nakupujú),
- pomáha znižovať náklady (tlak vyvíjaný na efektívne využívanie zdrojov),
- zvyšuje dlhodobý potenciál firmy (pomocou SZP podporuje ťažšie merateľné podmienky rastu, ako je goodwill, motivácia zamestnancov pracovať v danej organizácii, priazeň miestnych obyvateľov a samosprávy),
- podporuje inováciu (stimuluje inovatívne myslenie a postupy riadenia),
- pomáha firmám udržať si legitimitu (SZP vníma firmu ako člena spoločnosti, ktorá sa skladá zo stakeholderov. Firma by so všetkými mala viest otvorený dialóg, ktorý by mal presvedčiť o správnosti konania firmy),
- pomáha pri budovaní dôvery a značky (reputácia, dôvera, značka - vďaka SZP si firma buduje „dobré meno"),
- umožňuje lepší manažment ľudských zdrojov (prístup k odmeňovaniu, zosúladenie pracovného a súkromného času, kariérny prístup, tréningy a vzdelávanie, politiku boja proti diskriminácií),
- zvyšuje príťažlivosť pre investorov (investičné fondy si radšej vyberajú príležitosti podľa finančných, ekonomických, sociálnych, environmentálnych a etických faktorov, pretože kritériá SZP pre nich znamenajú istoty a bezpečnosť trvalej udržateľnosti firmy).

Notizen und Vokabeln

9   Marktorientierung von Unternehmen

Aufgabe 1

Beschreiben Sie die Grafik und die skizzierten Beziehungen und Zusammenhänge im folgenden Geschäftsmodell. Wiederholen Sie auch, was Sie z. B. über Führungsstile, Unternehmenskultur und weitere dargestellte Aspekte des Unternehmens in vorigen Lektionen gelernt haben.

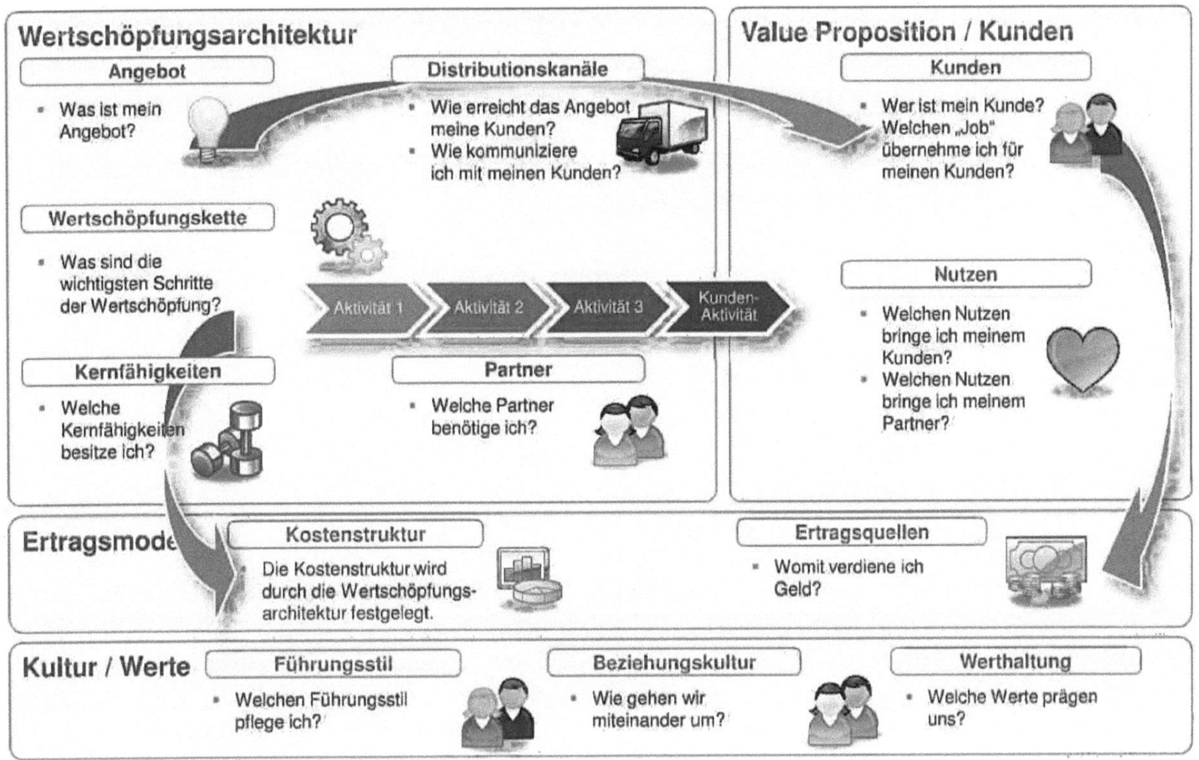

Aufgabe 2

Schlagen Sie für folgende Begriffe eigene Definitionen vor.

- Distributionskanal
- Wertschöpfungskette
- Ertragsmodell
- Kostenstruktur
- Nutzenversprechen (Value Proposition)

Aufgabe 3

Vergleichen Sie Ihre Definitionen mit Definitionen aus einem Wirtschaftslexikon. Übersetzen Sie die Definitionen anschließend in Ihre Muttersprache.

Aufgabe 4

Lesen Sie die Sätze A bis F und ergänzen Sie sie in die passenden Lücken 1 bis 6 im Text.

A. Der Marktanteil marktorientierter Unternehmen ist im Vergleich zu den Wettbewerbern um bis zu 21 Prozent höher als bei den am wenigsten marktorientierten.
B. Eine klare Marken-Marketing- und Vertriebsstrategie und der regelmäßige Abgleich der Produktentwicklungen mit den Markterfordernissen führen zu hoher Innovationskraft.
C. Bei marktorientierten Unternehmen weisen Marketing-, Vertriebs- und Markenstrategie eine hohe Konsistenz auf.
D. Marktorientierung ist messbar und wirkt sich wertschaffend auf alle Unternehmensbereiche aus.
E. Der enge Kontakt zu den Kunden führt zu einer hohen Kundenzufriedenheit und Kundenloyalität.
F. Wesentliche Treiber seien die Konsistenz in der Unternehmensstrategie und ein langfristiges, nachhaltiges Markenwertmanagement.

Marktorientierung beeinflusst nicht nur die Kunden- und Mitarbeiterzufriedenheit eines Unternehmens positiv, sondern zahlt sich auch in Form von Wachstum, Umsatz und Rendite aus. 1 _____ Auch effektives und transparentes Informationsmanagement ist Grundvoraussetzung für Marktorientierung. Marktorientierte Unternehmen setzen ihr Marktwissen in Produkte und Dienstleistungen um. Das Thema Marketing ist auf Top-Management-Ebene angesiedelt. Jedes Unternehmen kann marktorientiert sein – unabhängig von Größe, Branche und weiteren externen Faktoren.

Die Ergebnisse einer Studie zeigen: 2 _____ BBDO Consulting und der Lehrstuhl für innovatives Markenmanagement der Universität Bremen haben in einer empirischen Studie die Erfolgsfaktoren marktorientierter Unternehmen untersucht. Spitzenreiter ist der Landsberger Spezialist für Großküchentechnik RATIONAL, dicht gefolgt von AUDI. Platz drei belegt der SolarWorld-Konzern. Im Rahmen der Studie wurden 282 börsennotierte Unternehmen hinsichtlich ihrer Marktorientierung untersucht und ihre Ertrags- und Wachstumskraft sowie die Börsenperformance der letzten fünf Jahre bewertet. Studiengrundlage ist das Verständnis von Marktorientierung als Fähigkeit zur unmittelbaren Aufnahme, Verarbeitung und Reaktion auf Marktinformationen. Marketing ist danach als konsequent marktorientierte Führung des gesamten Unternehmens zu verstehen. Die Studie basiert auf Vergleichsmessungen zwischen den Top-30-Unternehmen im Verhältnis zu den letzten 30 der 282 befragten Unternehmen. 3 _____ Die 30 marktorientiertesten Unternehmen bewerten die Übereinstimmung zwischen ihrer Unternehmens- und ihrer Marketingstrategie um 64 Prozent besser als der Durchschnitt der 30 letzten Unternehmen.

Spitzenreiter RATIONAL punktet mit klarer Fokussierung auf den Kundennutzen. Die unternehmensweite durchgängige Prozessorganisation steigert die Marktorientierung und definiert Verantwortlichkeiten. 4 _____ Die neuen Produkte wie das SelfCooking Center demonstrieren Technologieführerschaft und Innovationsstärke. Sogar die Queen ist RATIONAL-Fan. Die Landsberger Großküchen-Profis beliefern den Palast und dürfen die Unterlagen ihrer High-Tech-Öfen mit dem Wappen der Queen schmücken.

Auch AUDI setzt kontinuierlich neue Innovationsstandards. Der Automobilhersteller zeichnet sich durch Premiumqualität, ein herausragendes Informationsmanagement und hohe Innovationskraft aus. Weitere Erfolgsfaktoren sind das hohe Managementinvolvement, die enge Kooperation zwischen Marketing, Vertrieb sowie Forschung und Entwicklung und ein dichtes Vertriebs- und Servicenetz. 5 _____

Der Drittplatzierte SolarWorld überzeugt mit Top-Technologie und Qualitätsführerschaft in allen Anwendungsbereichen. Der voll integrierte solare Wertschöpfungsprozess und die individuellen Produktmarken stärken die Marktposition des Konzerns.

Die Studie belege, dass sich Marktorientierung auch in Wachstum, Umsatz und Rendite auszahlt. Dabei sei Marktorientierung keine Geheimwissenschaft, sondern von jedem guten Management organisierbar. 6 _______ Dr. Christoph Burmann, Inhaber des Lehrstuhls für innovatives Markenmanagement der Uni Bremen, kommentiert die Studienergebnisse folgendermaßen: „Marktorientierte Unternehmen hören ihrem Kunden und ihrem Markt besonders gut zu und setzen die Information in neue Produkte oder Services um. Das Entscheidende ist, wie auf Informationen reagiert wird: Wo das schnell und funktionsübergreifend geschieht, herrscht eine hohe Marktorientierung".

Aufgabe 5

Fassen Sie die Hauptinformationen des Textes mündlich zusammen.

Aufgabe 6

Finden Sie im Text Fachausdrücke, die man den einzelnen Aspekten des Geschäftsmodells aus der Aufgabe 1 zuordnen kann.

Wertschöpfung	Value Proposition	Ertragsmodell	Kultur / Werte

Aufgabe 7

Informieren Sie sich über aktuelle Studien zu marktorientierten Unternehmen in den deutschsprachigen Ländern oder in Ihrem Heimatland. Präsentieren Sie die Ergebnisse dieser Studien im Plenum.

Aufgabe 8

Lesen Sie den Text über die Bedeutung von Marktpositionierung bei KMU und erklären Sie die Bedeutung folgender Begriffe aus dem Kontext:

- **Marktpositionierung**
- **Umfeldanalyse**
- **SWOT-Analyse**
- **Benchmarking**
- **strategische Positionierung**
- **Ist-Positionierung**
- **Soll-Positionierung**
- **Angebotsprofilierung**

Nicht nur große Markenhersteller, sondern auch mittelständische Unternehmen im Binnenmarkt müssen sich des Themas Positionierung annehmen. Der Grund: Eine klare Positionierung schafft eine klare Identifikation und sichert nachhaltig auch den Marketingerfolg des Unternehmens. Andernfalls riskiert man, dass ein Unternehmen über die Jahre in seinem favorisierten Markt nicht mehr wahrgenommen wird. Eine absolute Notwendigkeit ist die Einführung eines Trend- und Umfeldmonitorings. Hierzu stehen verschiedenste Marketinginstrumente zur Verfügung. Die bekannteste und auch für KMU umsetzbar ist z.B. die Umfeldanalyse, in welcher sozialmediale, technologische, ökologische, ökonomische, politische, wirtschaftliche und rechtliche Umweltfaktoren analysiert werden. Ein anderes Instrument ist die SWOT-Analyse, bei welcher Stärken, Schwächen, Chancen und Gefahren diagnostiziert und analysiert werden. Ebenso kann auch das Benchmarking (Lernen von den Besten) hinzu gezogen werden, um so nachhaltig deutliche Verbesserungen der Effizienz und Effektivität für das Unternehmen zu erreichen. Damit eine Differenzierung erfolgreich ist, müssen mehrere Bedingungen erfüllt sein. Die Möglichkeiten, sich von Wettbewerbern abzuheben, sind in jeder Branche anders. Die Erhöhung der Attraktivität kann auf Produktebene, Distributionsebene oder auf Marketingebene und weiteren Faktoren erfolgen. Positionierung ist auch eine Frage der Aufstellung: „Wer sind wir? Wofür stehen wir? Was versprechen wir, oder besser: Was können wir, an unserer Marktleistung gemessen, versprechen?" Wer also dauerhaft im Markt bestehen und seine Unternehmensziele erreichen will, der muss seine künftige Marktposition mit Blick auf den Wettbewerb präzise definieren können. Die Herausforderung dabei ist, dass KMU sich von der subjektiven Wahrnehmung seiner Kunden und Partner so abgrenzen, dass eine deutliche Differenzierung gegenüber Konkurrenz erfolgt. Wenn dies erreicht worden ist, können Präferenzen für das Unternehmen, die Produkte und deren Dienstleistungen geschaffen werden. Hierzu können verschiedene Positionierungsstrategien angewendet werden. Strategische Positionierung bedeutet die aktive Steuerung des Unternehmensimages am Markt (bei Nachfragern, Mitbewerbern, Investoren, Partnern). Das Ziel der strategischen Positionierung ist eine gewollte und klare Unterscheidung des eigenen Angebotes von demjenigen der Mitbewerber. Die Unternehmen müssen sich bei den Kunden mit deutlich besseren Angeboten profilieren und gegenüber der Konkurrenz differenzieren. Bei der Positionierung wird die momentane Positionierung eruiert. Mit der Ist-Positionierung wird ermittelt, wie die Produkte aus Kundensicht zueinander in Beziehung gesetzt und wahrgenommen werden. Die Soll-Positionierung beschreibt das Ziel, das durch geeignete Marketingmaßnahmen erreicht werden soll. Sowohl die Neuerstellung einer Positionierung als auch das Unterstützen oder Verein, dem einer vorhandenen Positionierung kann dabei das Ziel der Soll-Positionierung sein. Die Angebotsprofilierung funktioniert durch die sogenannte USP und/oder die UAP. USP (Unique Selling Proposition) bedeutet Alleinstellung gegenüber der Konkurrenz bezüglich der Marktleistung durch einen einzigartigen Produktvorteil, entweder in der Hauptleistung, in den Nebenleistungen oder auch in den Zusatzleistungen. UAP (Unique Advertising Proposition) ist eine einzigartige kreative, werbliche Alleinstellung, die unverwechselbar mit dem Produkt verknüpft ist, z.B. Marlboro. Der UAP ist mehr als nur ein Corporate Design oder Logo. Er wird angestrebt, wenn kein deutlicher Produktnutzen gegeben ist. Die Durchsetzung erfolgt langfristig und bedarf insbesondere bei Konsumgütermarken eine hohe Investitionsbereitschaft. Keine klare Positionierung, keine Installation eines Trend- und Umfeld-Monitorings führen unweigerlich zu negativen Auswirkungen für Unternehmen und im schlimmsten Fall zum Niedergang. Bevor klare Aussagen über Produkte, Dienstleistungen und Wettbewerbsvorteile gemacht werden können, müssen diese zuerst ermittelt werden. Danach erfolgt die Marktpositionierung. Ist diese im Markt bei Abnehmer, Endverbraucher und Beeinflussergruppen einmal verankert, sind die Chancen für den Markterfolg weitaus günstiger als zuvor. Eine klare Auseinandersetzung lohnt sich, denn jedes Unternehmen, welches seinen Erfolg auf Basis eines klaren Nutzenversprechens und Mehrwerts für die Kunden ausbauen und sicherstellen kann, hat auch eine Berechtigung auf dem Markt.

Aufgabe 9

Die nachstehende Grafik zeigt unterschiedliche globale Faktoren, die das Wettbewerbsumfeld des Unternehmens beeinflussen. Finden Sie in Kleingruppen Beispiele für die einzelnen Faktoren.

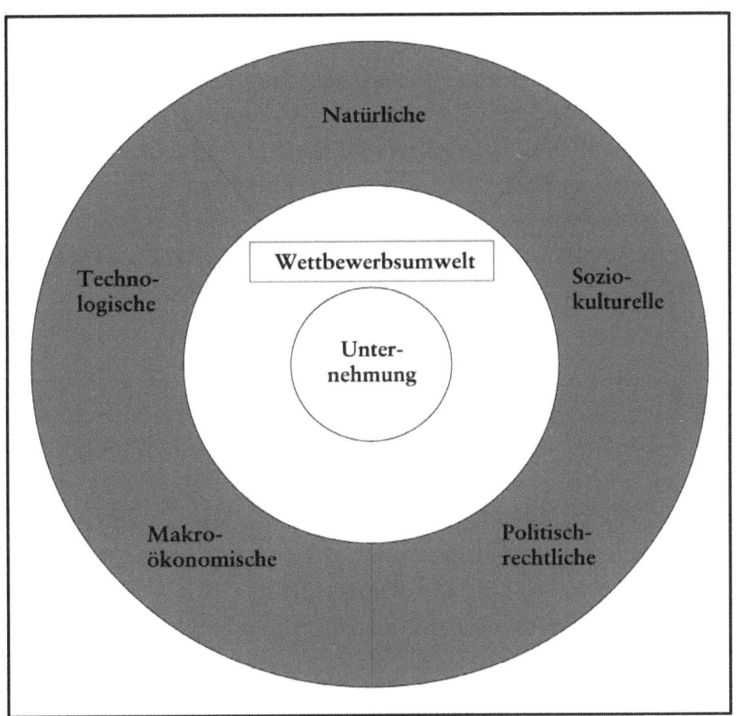

Aufgabe 10

Informieren Sie sich in einem Wirtschaftslexikon ausführlicher über die Faktoren des Makroumfeldes und vergleichen Sie die Definitionen und Fakten mit Ihren Ideen aus der Aufgabe 9. Vergleichen Sie anschließend die Faktoren des Makroumfelds mit dem sog. Mikroumfeld des Unternehmens.

Aufgabe 11

Lesen Sie die Texte über Positionierung der Unternehmen Siemens und Bosch auf dem Markt und fassen Sie zusammen, wie sich die Unternehmen profilieren und wie sie ihre Marktposition beschreiben. Unterscheiden Sie dabei zwischen der strategischen Positionierung, der Ist- und Soll-Positionierung.

SIEMENS In der Mehrzahl seiner Geschäftsfelder beschreibt sich Siemens selbst als marktführend. Weltweit ist der Konzern sehr angesehen und gilt als Innovationsführer, zum Beispiel im Gasturbinenbau. Damit das so bleibt, investierte Siemens 2013 rund 4,3 Milliarden Euro in Forschung und Entwicklung, davon mehr als eine Milliarde Euro im Bereich der grünen Technologien. Rund 30.000 Mitarbeiter sind in der gesamten Forschung und Entwicklung tätig. In der kompletten Breite seines Betätigungsfeldes gibt es nur wenige Konkurrenten für Siemens. In vielen Bereichen stoßen die Münchener immer wieder auf General Electric oder der Schweizer ABB. Ausbauen will Siemens zum Beispiel das On-/Offshore-Geschäft. Hier sollen neue Fabriken in Brasilien, Indien und Russland eröffnet werden. Damit will Siemens zu den drei führenden Anbietern von Windkrafträdern auf der Welt werden. Den Wechsel der ehemaligen Shell-Managerin Lisa Davis in den Vorstand sehen viele Experten als Indiz dafür, dass Siemens stärker vom Gas- und Ölboom in Nordamerika profitieren möchte. Eingestiegen ist Siemens in das Geschäft mit elektrischen Antriebssystemen für Pkw. In Partnerschaft mit Volvo will Siemens zum führenden Systemlieferanten in diesem Bereich werden. Lange Zeit haben die Münchener dieses Geschäftsfeld allerdings nur wenig beachtet. Mittlerweile gibt es die eigene Einheit Inside e-Car. Siemens erwartet, dass der Markt für Elektrofahrzeuge von 100.000 Fahrzeugen 2011 bis 2016 auf 1,2 Millionen Fahrzeuge steigen wird. Mit dem Ausbau dieses Bereiches tritt Siemens in Konkurrenz zu Automobilzulieferern wie Schaeffler, die sich ebenfalls mit einer eigenen Sparte in Stellung bringen. Siemens hatte sich eigentlich vor vier Jahren durch den Verkauf von VDO an Continental aus dem klassischen Autozuliefergeschäft verabschiedet. Siemens-Konkurrent General Electric werden ebenfalls Pläne im Geschäft mit elektrischen Antriebssystemen nachgesagt.

Jahrzehntelang war Bosch der weltweit größte Automobilzulieferer. 2012 übernahm jedoch der japanische Konzern DENSO die Marktführerschaft. Nachdem Continental Automotive zwischenzeitlich Bosch sogar auf den dritten Platz verwiesen hat, sind die Schwaben heute wieder auf Platz zwei der Weltrangliste zu finden. Doch das Unternehmen ist in vielen Branchen nach wie vor Marktführer, so zum Beispiel in der Entwicklung telemedizinischer Systeme und in der Herstellung von Verpackungsmaschinen, u.a. für die Lebensmittel- und Pharmaindustrie. Im Sektor Elektrowerkzeuge, die zum Unternehmensbereich Gebrauchsgüter- und Gebäudetechnik gehören, zählt Bosch ebenso zu den weltweit größten Herstellern. Auf dem Gebiet der Thermotechnik gehört der Konzern zu den drei führenden europäischen Herstellern von Heizungsprodukten und Warmwassergeräten. Auch viele Töchter und Beteiligungsunternehmen von Bosch stehen international auf Top-Positionen. Das bekannteste Joint Venture ist die BSH Bosch und Siemens Hausgeräte GmbH, die zu den drei weltweit führenden Unternehmen der Hausgerätebranche zählt. Siemens hat seine Anteile an dem Gemeinschaftsunternehmen nach mehr als 50-jähriger Zusammenarbeit jedoch inzwischen an Bosch verkauft. Im Bereich Antriebs- und Steuerungstechnik ist die Bosch Rexroth AG globaler Technologieführer. Seit neuestem gibt Bosch auch bei den E-Bikes den Takt an: So besitzt jedes vierte Elektrorad, das in Europa heute verkauft wird, einen Bosch-Motor.

Aufgabe 12

Übersetzen Sie folgende Ausdrücke ins Deutsche.

nasledovník na trhu	
cenové zľavy	
hospodárnosť	
hospodárske výhody	
konkurent	
marža	
náklady za reklamu	
objem trhu	
odbyt	
podiel na trhu	
segmentácia trhu	
stratégia rastu	
trhová orientácia	
trvalá udržateľnosť	
uvedenie produktu na trh	
veľkosť obratu	
vodca na trhu	
vymedzenie trhu	
výnosnosť	
výroba polovodičov	
zdroje	

Aufgabe 13

Lesen Sie den Text über Marktführerschaft. Finden Sie deutsche Äquivalente für die slowakischen Begriffe aus der Aufgabe 12 und vergleichen Sie diese mit Ihrer Übersetzung.
Alternativ können Sie die Fachausdrücke des Textes in Ihre Muttersprache übersetzen.

Marktführerschaft ist ein Wachstumsziel, das von vielen Unternehmen angestrebt wird. Allerdings garantiert Marktführerschaft an sich keine wirtschaftlichen Vorteile. Sie garantiert auch nicht die nachhaltige Wirtschaftskraft eines Unternehmens. Oft ist das Schlagwort nicht mehr als eine Werbeaussage, die dem Kunden suggerieren soll, dass er hier die richtige Kaufentscheidung trifft. Da „Marktführerschaft" so ein griffiger Begriff ist und sich werblich gut umsetzen lässt, erstaunt es nicht, dass es viele Marktführer gibt. Um Marktanteile vernünftig ermitteln zu können, ist zunächst die Klärung des „relevanten Marktes" erforderlich. Da diese Definition zunächst beliebig gewählt werden kann, ist es letztlich für jedes Unternehmen möglich, den Markt so zu schneiden, dass man der größte Anbieter ist. Wie bei vielen marktorientierten Themen sollte auch der relevante Markt aus der Segmentierung und Analyse der Zielgruppen und unter Berücksichtigung der Wettbewerbssituation abgeleitet werden. Es lässt sich nicht generell sagen, ob der relevante Markt ein internationaler, nationaler oder sogar regionaler Markt ist. In der Halbleiterherstellung ist es in der Regel der internationale Markt, in der Tourismusindustrie kann es eine Urlaubsregion sein und für einen Softwarehersteller vielleicht mittelständische Unternehmen aus einer speziellen Branche. Oft hilft ein Vergleich mit der Marktausrichtung der wesentlichen Wettbewerber. Sollte die Marktabgrenzung ergeben, dass die wichtigsten Wettbewerber den Markt wesentlich größer definieren, dann kann vielleicht an der eigenen Ausrichtung etwas falsch sein. Bei innovativen Produkten kann die Marktabgrenzung anfangs schwierig sein. Andererseits sollte diese Frage schon bei der Planung der Produkteinführung beantwortet sein. Das Marktvolumen des relevanten Markts ist die Grundlage zur Ermittlung der Marktanteile. Der prozentuale Anteil des eigenen Umsatzes (oder auch Absatzes) mit dem ausgewählten Produkt im Verhältnis zum Marktvolumen beschreibt den Marktanteil. Derjenige Anbieter mit dem höchsten Marktanteil ist der Marktführer. Dabei muss ein Unternehmen, das Marktführer nach Umsatzgrößen ist, nicht zwangsläufig auch Marktführer nach Absatz sein. Es wird auch nur in Ausnahmefällen mit allen seinen Produkten Marktführer sein – es sei denn, es handelt sich um Produktvarianten, die den gleichen Markt bedienen. Die Orientierung am Ziel der Marktführerschaft sollte immer mit der Absicherung der nachhaltigen Ertragskraft einhergehen. Wenn die Position des Marktführers keine signifikanten und quantifizierbaren wirtschaftlichen Vorteile bringt – dies können z.B. eine bessere Präsenz im Vertrieb sein, günstigere Einkaufsbedingungen durch höhere Stückzahlen oder mehr Einfluss bei Verbänden –, sollte die Zielsetzung kritisch hinterfragt werden. Wenn für die Marktführerschaft Preisnachlässe und somit sinkende Margen notwendig werden, kann das Erreichen des angestrebten Ziels die Wirtschaftlichkeit erheblich beeinträchtigen. Außerdem werden gleichzeitige oft steigende Werbe- und Kommunikationskosten erforderlich. Nicht umsonst ist manchmal der Zweite wirtschaftlich erfolgreicher als der Marktführer. Eine solche Strategie wird auch als Follower-Strategie bezeichnet. Natürlich fehlt dem Follower der Glanz des Marktführers. Aber die Unternehmensführung sollte nicht von Eitelkeiten geprägt sein. Bei der Umsetzung einer auf Marktführerschaft ausgerichteten Wachstumsstrategie kann leicht der Fokus auf die nachhaltige Wirtschaftlichkeit des Unternehmens verloren gehen. Wenn Marktführerschaft notwendig ist, um andere, quantifizierbare Ziele zu erreichen, die die Ertragskraft des Unternehmens dauerhaft stärken, dann ist die Verfolgung dieses Ziels sinnvoll. In diesem Fall ist der Aspekt der Nachhaltigkeit von besonderer Bedeutung: Wenn nämlich die Ressourcen nicht ausreichen, um die Marktführerschaft über einen längeren Zeitraum zu halten, können meist auch die angestrebten Ziele nicht erreicht werden.

Aufgabe 14

Arbeiten Sie in Kleingruppen, sammeln Sie Fragen, an die ein marktorientiertes Unternehmen bei der Erstellung des Unternehmensplans deknen sollte. Gehen Sie auf die Punkte in folgender Mindmap ein und erweitern Sie diese eventuell um weitere Aspekte. Berücksichtigen Sie auch all das, was Sie in den vorigen Lektionen gelernt haben.

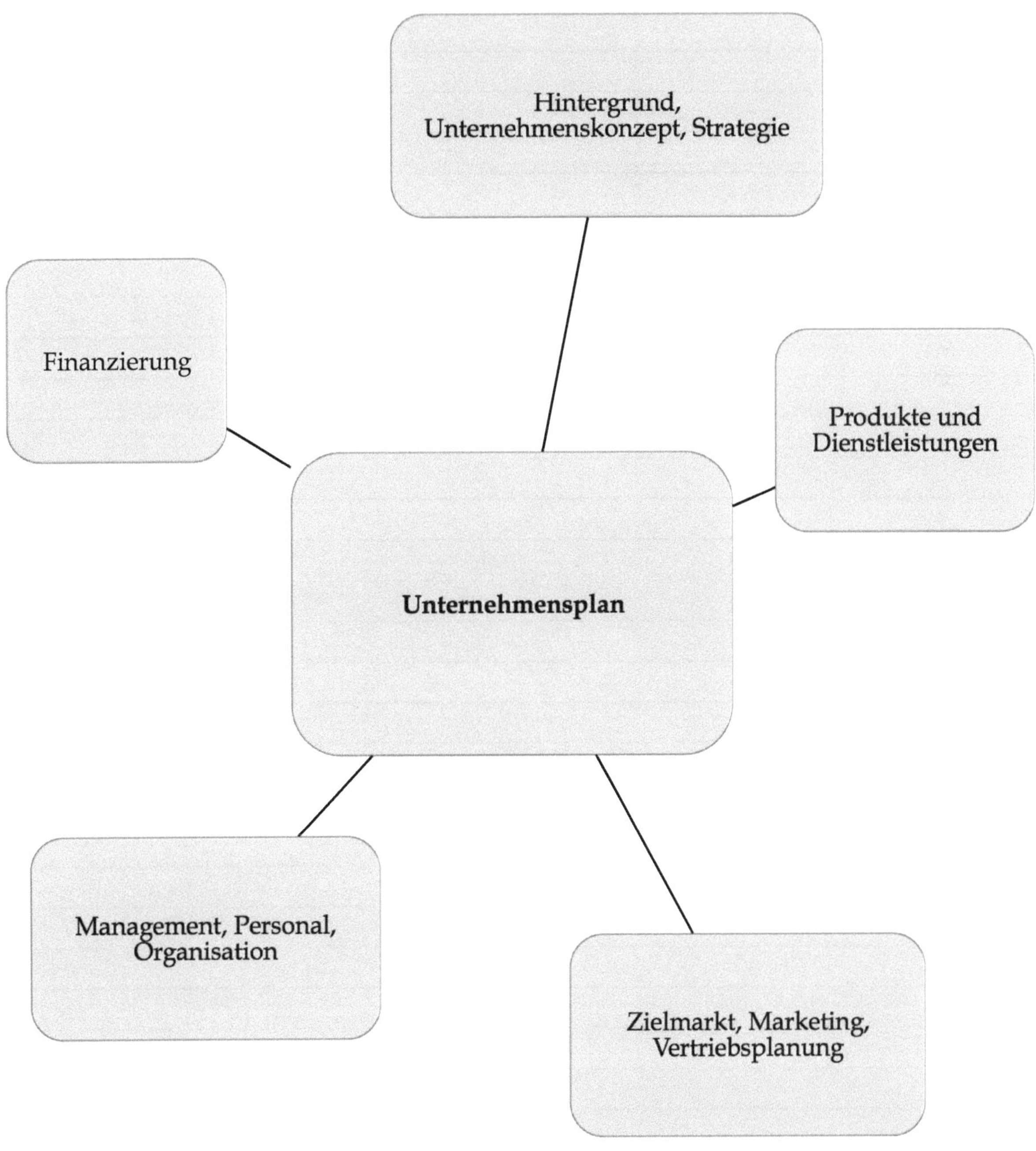

Notizen und Vokabeln

Quellennachweise

Seite 7:
Was ist ein Unternehmen
http://www.sparefroh.at/de/Eltern-und-Lehrer-Tipps/Was-ist-ein-Unternehmen (28.09.2014)

Seiten 8–9:
Definitionen: Unternehmen
http://de.wikipedia.org/wiki/Unternehmen (28.09.2014)
http://wirtschaftslexikon.gabler.de/Definition/unternehmen.html#erklaerung (28.09.2014)
http://www.wirtschaftslexikon24.com/d/unternehmen-unternehmung/unternehmen-unter-nehmung.htm
(28.09.2014)

Seite 10:
Das Unternehmen 2.0 nach der Definition von Zyncro
http://de.blog.zyncro.com/wp-content/uploads/2012/06/Infografia_Empresa2.0_DE-01web.jpeg (03.11.2014)

Seite 11:
Die Slowakei muss ihr Image erst aufbauen
http://www.npz-online.eu/die-slowakei-muss-ihr-image-erst-aufbauen/ (21.10.2014)

Seite 15:
Lufthansa
http://www.lufthansagroup.com/unternehmen/unternehmen/unternehmensprofil.html (02.11.2014)

Seite 16:
BMW
http://www.bmwgroup.com/bmwgroup_prod/d/0_0_www_bmwgroup_com/unternehmen/unternehmensprofil
/strategie/strategie.html (02.11.2014)

OMV
http://www.omv.com/portal/01/com/omv/OMV_Group/About_OMV (02.11.2014)

Seiten 19–21:
Henkel
http://www.henkel.de/unternehmen (02.11.2014)

Seite 24:
Warum ein Corporate Design wichtig für ein Unternehmen ist
http://www.medienbuero-frankfurt.de/warum-ein-corporate-design-wichtig-fuer-ein-unternehmen-ist (04.11.2014)

Seiten 26–28:
Anette Rößler: Unternehmensleitbild
http://www.business-wissen.de/artikel/unternehmensleitbild-leitbild-entwickeln-und-umsetzen/ (04.11.2014)

Seite 29:
Unternehmensphilosophie
http://www.handelswissen.de/data/handelslexikon/buchstabe_u/Unternehmensphilosophie.php (09.11.2014)

Grafik: Unternehmensleitbild
http://de.wikipedia.org/wiki/Unternehmensleitbild#mediaviewer/File:Leitbild_Grafik.JPG (09.11.2014)

Seite 34:
Kompetenzmodell
http://www.plakos.de/fileadmin/kompetenzmodell.pdf (10.11.2014)

Seiten 35–36:
Manager-Alltag
http://www.zeit.de/1970/39/manager-alltag (10.11.2014)

Quellennachweise

Seiten 38–39:
Stellenanzeigen
www.profesia.sk (11.11.2014)

Seite 40:
Management
http://www.wirtschaftundschule.de/lehrerservice/lexikon/m/management/ (22.11.2014)

Seite 41:
Stefan Bornemann: FührerIn oder ManagerIn – wo sind die Unterschiede?
http://www.lead-conduct.de/2012/04/28/fuhrerin-oder-managerin-wo-sind-die-unterschiede/ (23.11.2014)

Seiten 42–43:
Führungsstile
http://www.berufsstrategie.de/bewerbung-karriere-soft-skills/fuehrungsstile.php (23.11.2014)

Seiten 45–46:
Unternehmensstruktur
http://www.fuer-gruender.de/wissen/existenzgruendung-planen/organisation/unternehmensstruktur/
(22.11.2014)

Seiten 48–51:
Organisation von Unternehmen
http://www.bpb.de/izpb/8531/organisation-von-unternehmen?p=all (23.11.2014)

Seiten 52–53:
Organisationsstrukturen
http://www.ultimo.co.at/serv05.htm (23.11.2014)

Organisationsstruktur ALDI SÜD
https://www.aldi-sued.de/de/aldi-sued-a-bis-z/aldi-sued-a-bis-z/o/organisationsstruktur/ (23.11.2014)

Seiten 54–55:
Führungsebenen
http://www.wirtschaftslexikon24.com/d/fuehrungsebenen/fuehrungsebenen.htm (22.11.2014)

Seite 57:
Bild: Rechtsformen von Unternehmen
http://www.plauen.de/de/amt24/lebenslagen/2081.php (23.11.2014)

Geschäftsführung und Vertretung
http://www.welt-der-bwl.de/Geschäftsführung-und-Vertretung (23.11.2014)

Seite 59:
Einzelunternehmen
http://www.existenzgruender.de/selbstaendigkeit/vorbereitung/gruendungswissen/rechtsform/04/index.php
(23.11.2014)

Seiten 60–61:
Überlegungen zur Rechtsform
http://www.frankfurt-main.ihk.de/existenzgruendung/prozessstruktur/gruendungsanalyse/rechtsform/
(23.11.2014)

Seiten 61–62:
Personengesellschaften
http://www.startup-in-bayern.de/themenmenue/basiswissen/rechtsformen/personengesellschaften.html
(25.11.2014)

Seite 63:
Personengesellschaften - Steuern
http://www.steuertipps.de/lexikon/p/personengesellschaften (25.11.2014)

Seite 64:
Kapitalgesellschaften – Grafiken
http://www.iwk-svk-dresden.de/Demo/BwLex/html/G/Gesellschaft-mit-beschraenkter-Haftung.htm (25.11.2014)
http://www.iwk-svk-dresden.de/Demo/BwLex/html/A/Aktiengesellschaft.htm (25.11.2014)

Seite 65:
Kapitalgesellschaften
http://www.startup-in-bayern.de/themenmenue/basiswissen/rechtsformen/kapitalgesellschaften.html
(25.11.2014)

Seite 69:
Die attraktivsten Arbeitgeber der Slowakei im Jahr 2013 - Statistik
http://www.profesia.sk/info/tlacova-sprava/najatraktivnejsi-zamestnavatelia-v-roku-2013-silne-znacky/
(27.11.2014)

Seite 70:
Einsatz von interner und externer Personalbeschaffung im Unternehmen
http://www.b-ite.de/fachartikel/personalbeschaffung.html (27.11.2014)

Seite 71:
Wie funktioniert Zeitarbeit
http://www.personaldienstleister.de/branche/fakten/ueber-die-zeitarbeit/wie-funktioniert-zeitarbeit.html
(27.11.2014)

Seite 72:
Arbeitsverhältnis
http://www.arbeitsrechtberlin.net/arbeitsverhaeltnis/ (29.11.2014)

Seite 73:
Rechte und Pflichten des Arbeitnehmers
http://www.profesia.sk/kariera-v-kocke/vzory-dokumentov/vzor-pracovnej-zmluvy/ (29.11.2014)

Seite 74:
Arbeitsvertrag - das sollten Sie beachten
http://karrierebibel.de/arbeitsvertrag-checkliste-das-sollten-sie-beachten-2/ (29.11.2014)

Seite 75:
Tarifpolitik
http://www.bpb.de/politik/innenpolitik/arbeitsmarktpolitik/55297/tarifpolitik (29.11.2014)

Seite 76:
Tarifverhandlungen
http://www.pixeldichte.de/de/mediengestalter/lehrfaecher/politik/tarifvertraege/tarifverhandlungen.php
(30.11.2014)

Seite 77:
Arbeitskampf
http://www.pixeldichte.de/de/mediengestalter/lehrfaecher/politik/tarifvertraege/arbeitskampf.php (30.11.2014)

Seiten 79–80:
CSR in Deutschland
http://www.csr-in-deutschland.de/ (01.12.2014)

Seite 81:
Stakeholder-Definitionen
http://www.iz.sk/sk/projekty/spolocenska-zodpovednost-podnikov/CSR-uvod (02.12.2014)
http://www.business-wissen.de/handbuch/stakeholder/das-modell-vom-stakeholder/ (02.12.2014)

Seite 82:
Definitionen im Zusammenhang mit CSR
http://eur-lex.europa.eu/legal-content/DE/TXT/PDF/?uri=CELEX:52001DC0366&from=DE (03.12.2014)

Seite 83:
Familienfreundliche Unternehmen

http://www.gibinfo.de/gibinfo/2011/1_11/familienfreundliche-unternehmen (01.12.2014)

Seite 85:
CSR in der Slowakei

http://www.iz.sk/sk/projekty/spolocenska-zodpovednost-podnikov/CSR-uvod (03.12.2014)

Seite 87:
Grafik: Geschäftsmodell

http://www.ludwiglingg.ch/wp-content/uploads/2010/06/Patrick-Staehler-BM-Design-2.jpg (05.12.2014)

Seite 88–89:
Marktorientierung zahlt sich aus

http://www.business-wissen.de/artikel/erfolg-marktorientierung-zahlt-sich-aus/ (05.12.2014)

Seiten 90–91:
Positionierung als Basis für den Markterfolg

http://www.markterfolg.ch/fileadmin/downloads/impulse/positionierung_fuer_den_markterfolg_or_6_09.pdf (07.12.2014)

Seite 91:
Die globale und die Wettbewerbs-Umwelt

http://www.daswirtschaftslexikon.com/d/marktanalyse_und_konkurrenzanalyse_wettbewerbsanalyse/marktanalyse_und_konkurrenzanalyse_wettbewerbsanalyse.htm (07.12.2014)

Seite 92:
Marktposition von Siemens und Bosch

https://www.staufenbiel.de/jobs-arbeitgeber/siemens-ag/marktposition.html (07.12.2014)

Seite 94:
Marktführerschaft

http://www.mittelstandswiki.de/wissen/Marktführerschaft (08.12.2014)